JN096899

100年経営
社会的経営
SDGs経営

持続可能な
経営と
中小企業

Sustainable
Management
and
SMEs

SEKI TOMOHIRO
関 智宏
同志社大学中小企業マネジメント研究センター 編

同友館

第7章　タイ国におけるSDGsと中小企業振興 … 125
──SDGsに向けた指標の作成とSEM報告書の策定

第1章

中小企業の持続可能な経営

──新時代における中小企業経営の 3つの視角

1. はじめに

　一国の経済社会において，企業はさまざまな諸形態をとって存在している。そうした企業をあえて大企業や中小企業と呼ぶように，規模の違いで企業を抽出するのであれば，その国においてどのような企業を大企業や中小企業とするかといったように，規模の違いによって，その企業がいかに異なった特徴をもつのかについての説明が必要になる。

　本章では，中小企業に焦点を当てて議論を進めていくが，どのような企業を「中小」とするのかは，その国の発展状況によって変わってくる。しかしながら，世界のなかで共通して認識されていることは，さまざまな国において中小企業の比重が非常に高く，その国々の経済社会において雇用の創出や経済発展への貢献などさまざまな諸点において重要な役割を果たしているということである（OECD 2019）。

　中小企業はその規模が小さいがために，大企業が何らかの力を発揮するような経済社会においては，その存在は極めて不利になる場合がある。しかしながら，それにもかかわらず，中小企業は経済社会のなかで一定の比率をもって実際に存在してきた。本来，存在しにくいものが存在していることを「存立」と言う。中小企業がなぜ存立することができたかという中小企業の存立を検討していくことは，中小企業研究の中心的なテーマである（佐竹2008）。

　日本における中小企業に焦点を当ててみると，日本の経済社会においても，中小企業は「異質多元的」であると言われるように（山中1948），さまざまなかたちで多く存在し続けてきたし（その数は減少してきてはいるが），また中小企業は経済社会に重要な役割を果たしてきたと言われてきたし，その役割を果たすためのさまざまな政策も展開されてきた。しかしながら，中小企業という言葉から抱かれるそのイメージは，ときに偏向的であり（後藤

2015など），さらにはときに悲哀的な問題のある側面が指摘されることがある[1]。

　日本における中小企業が，経済社会に多く存在し，重要な役割を果たしてきたと言われながらも，問題のある側面だけがイメージされることがあるなど，中小企業の実態と必ずしも一致しないことがある。この理由はいくつかあろうが，その1つは，中小企業が多様であるがために，どのような中小企業がどのように存在しているかが必ずしも正しく理解されているわけではないためであると考える。中小企業が重要であるとしても，どのような中小企業が重要であるのかという答えが必ずしも明確ではないということである。

　そこで本章では，日本における中小企業が中小企業として，これまで日本の経済社会に永らく存立し続けてきたということに対する正当な評価が重要であるという観点から，その評価に寄与すると考える，この最近の新しい経営をめぐる3つの視角を試論的に提示することを目的とする。結論を先取りすれば，その3つとは，1つには，長寿企業に見られる100年経営であり，2つには，社会とのかかわりをもつ社会的経営であり，3つには，世界の維持のために貢献を目指すSDGs経営である。

　本章の構成は以下のとおりである。第2節では，日本における中小企業に対する認識が問題のある存在から貢献する存在へと変化してきたことを述べる。第3節では，中小企業の成長や発展につながる経営という観点から，その経営にさまざまなパターンが存在することを指摘する。第4節では，上で指摘した中小企業の持続可能な経営に貢献すると考えられる3つの視角を提案する。第5節は結論である。

---

(1) 中小企業のイメージに関する一連の研究成果については，たとえば関（2017）を参照のこと。

2. 「貢献する」中小企業への中小企業像の変化

　日本における中小企業がいかなる企業ということを紐解いていくために，まず日本において中小企業の範囲をただ唯一規定している中小企業基本法の歴史的変遷を説明しなければならない。

　中小企業基本法は，1963年に制定された中小企業に対する政策の基本路線を定めた法律である。1963年の中小企業基本法で規定された中小企業は，大企業と比べて賃金や労働生産性が低い格差の担い手たる問題を抱えた存在として描かれた。産業構造を高度化し，また国際競争力を強化していくことによって日本の経済成長を実現させるためには，中小企業が広範に，しかも多数存在するという過少過多を問題にした。大企業と中小企業との間における賃金および労働生産性にみられる諸格差は二重構造と呼ばれ，二重構造の解消こそが経済成長の実現にとって必要であると言われた。中小企業は，賃金や生産性が低い問題を抱えた存在であるために，それが日本の経済発展にとって隘路になるとされた。そして中小企業には近代化と不利是正を施すことが，中小企業政策の柱として明確に位置づけられた。日本における中小企業の存立は，まさにこの問題性との関連で議論されてきた[2]。

　しかしながら，日本が経済成長を実現していく過程のなかで，中小企業は，問題にされた二重構造たる大企業との諸格差が存在していながらも，その後も存立し続け，さらには少なくとも1980年代末まではその数を増やしていくことになった（植田 2014，p.27）。大企業と中小企業との間に諸格差が存在していたとしても，日本が経済成長を実現したのであれば，その諸格差たる二重構造は経済成長の隘路ではなく，同時に中小企業の賃金や労働生

---

[2] 中小企業は，中小企業基本法が制定される以前の1930年代から，すでに政策を施さなければならない問題を抱えた存在として研究の対象となってきた。

産性などの大企業との相対的な低さは必ずしも問題ではないとみたほうが適切であるということになる。

　実際に，1990年代に入って日本経済が低迷していくなかで，企業数は減少していくことになり，経済を再興していくうえでは企業数を増加させていくか，既存の中小企業を存立し続けさせていくことが必要となった。こうして1999年には，中小企業基本法は抜本的に改定され，そこで中小企業は日本経済にとって貢献する存在として描かれることになった。ここで描かれた「貢献」というのは，1つは新規事業の創出，2つは就業機会の増大，3つは市場競争の促進，4つは地域経済の活性化，の4つである(3)。これらに対して中小企業がより貢献していくということが，中小企業が政策対象となる根拠とされ，具体的に，経営革新や創業・開業のための支援策に重点がおかれるようになった(4)。

　こうした中小企業基本法の歴史的経緯からみると，中小企業は問題を抱えた存在から貢献していく存在としてその姿を大きく変えていくことになった。2010年には，EUの小企業憲章にならって中小企業憲章が制定され，「中小企業は，経済を牽引する力であり，社会の主役である」と明記された。また2013年には中小企業基本法が改定され，また2014年には小規模企業振興を目的とした小規模企業振興基本法が制定されるなど，中小企業・小規模企業が重要であるという認識に基づいた政策が整備されてきた。

　このように中小企業基本法の変遷をみる限りにおいて，こんにちの日本に

---

(3) 1999年改定中小企業基本法における第3条の基本理念のなかでは，正しくは「新たな産業を創出し，就業機会を増大させ，市場における競争を促進し，地域における経済の活性化を促進する等」と記されている。
(4) 2000年代に入ってからは，新たに経営革新・創業支援関連の法律が制定されるのではなく，むしろ従来の法律が整理・統合され（山田 2013），開業の伸びは依然低迷したままでいた。こうしたなかで事業承継が正面から論じられるようになり，廃業をいかに食い止めるかが政策上のテーマとなってきた（安田 2019）。

おける中小企業は，日本の経済社会において重要である存在であるともに，さらに中小企業憲章にも掲げられたように社会の主役であるということになる。しかしながら，中小企業が真にそうした存在であると社会から認識されているかというと，必ずしもそうではなかろう。それは，中小企業がどういう企業であるのかが知られていないからである。

　規模が相対的に小さい企業が中小企業であるとしても，それがどのような企業であるのかについては，規模が小さいということだけでは説明することはできない。そもそも日本においては，中小企業基本法のなかでの中小企業の範囲規定は，量的指標のみであり，日本以外のいくつかの国々のような質的指標は採用されていない。中小企業といっても，大企業の子会社，関連会社といった非独立の中小企業や，節税対策として設立された経営実態のない中小企業も含まれている。中小企業基本法が定めているような，政策対象となる独立の中小企業が実際にどのくらい存在しているのかについては，統計上把握することは必ずしも容易ではない。

　重要なことは，中小企業が重要であるとしても，どのような中小企業が経済社会にとって今後も真に重要であり続けるのか，という点である。それを説明するための1つが，中小企業はなぜ存立し続けていることができているのか，という点である。もちろん中小企業はただたんに存立し続けているということだけをもって高く評価されるわけではない。中小企業が長期にわたって存立し続けていくことができたその要諦は何であろうか。その1つとして考えられるのが，中小企業が存立し続けることを可能とする経営，すなわち中小企業の持続可能な経営であり，その実践こそが高く評価されるべきである。

3. 中小企業の成長や発展につながる経営を考える

　中小企業が存立し続けているということを考えていくうえで，中小企業の成長や発展について触れておく必要がある。というのも，中小企業が成長や発展をしていけば，中小企業の範囲を超え，中小企業が大企業になる可能性があるからである。中小企業が大企業に至った時点で，中小企業が存立し続けているということにはならない。

　中小企業の成長を検討した齋藤によれば（齋藤 2016）[5]，中小企業のなかでその一部は大企業になるものの，小規模のままで推移している企業は圧倒的に多いと指摘する。そして，Churchill と Lewis の議論を踏まえ（Churchill and Lewis 1983），中小企業が成長していくには，顧客を獲得する可能性のある第1段階，利益創出ができる第2段階，利益創出を継続できる第3段階，という3つの段階があるという。中小企業は，これらの諸段階を超えて成長していくことも難しく，また存立し続けていくということそれ自体も課題になるために，中小企業には中小企業の経営者個人がもつ「経営力」が必要になるという[6]。そして中小企業が存続していくためには，「経営力」と経営成果がともに高い「継続型」であることが肝要であり，「経営力」の高い中小企業こそ成長可能性があると強調する。齋藤が指摘するように，中小企業にとっては，「経営力をつけることが，存続および成長にきわめて大切にな

---

(5)　齋藤（2016）では，冒頭に中小企業とスモール・ビジネスが併記され，それ以降はおもにスモール・ビジネスという表現を使っているが，本章では中小企業に統一する。

(6)　齋藤の言う「経営力」は経営姿勢と経営能力の2つが「複合（ミックス）したもの」であるという。ここで言う経営姿勢とは「経営者の経営に対する前向きな意欲，ほとばしる熱意，旺盛なチャレンジ精神，エネルギッシュな活動力などを総合したもの」であり，また経営能力とは「経営者個人がもっている各種の経営能力や経営上の経験，状況把握力，判断力，人間関係能力，交渉力など，多様な能力要素の複合したもの」であるという（齋藤 2016, p.9）。

る」（齋藤 2016, p.11）。しかしながら，齋藤は同時に「経営力の低い場合は，成長どころか，存続もむずかしく，多くは大きくならない」とも指摘する（齋藤 2016, p.11）。これは真に事実であろうか。中小企業にとって，その規模を大きくさせていくことがはたして本当に重要なのであろうか。

　中小企業は異質多元的であるがゆえに，その存在は多様である。たとえば「独立した」中小企業には，生業的経営であるか企業的経営であるか，その経営目的の違いがある。生業的経営の場合には，従業員はおもに家族で構成されており，家族の生計のために経営が行われる。このため，なしえた事業成果の多くが代表を含む家族の賃金に向けられるため，労働分配率が高くなる。また生業的経営は，法人格をもたない個人企業形態がほとんどである。この場合，事業には安定性が志向される。これに対して，企業的経営の場合には，家族労働も含まれるが，おもに従業員は第三者で構成されており，なしえた事業成果の一部は賃金に分配されるが，部分的にとどまる。企業的経営の多くは法人格を有する。

　さらに企業的経営は，事業の志向が，安定か拡大であるか，その成長志向性の違いがある。事業の安定を志向する場合には，資本金構成はおもに家族で構成されているが，資本金額はある一定額にとどまることが多い。これに対して，事業の拡大を志向する場合には，資本金構成はおもに家族で構成されているが，あるときに資本金額が外部からの出資などによって増資されることがある。またここでいう拡大には，斬新的拡大と急進的拡大の2つがある。漸進的拡大は，事業を拡大するも，その拡大が斬新的である。これに対して，急進的拡大は，事業を拡大するも，その拡大が急進的であるが，多額の出資を受け入れることによる外部資金の拡大がその特徴の1つとなる。ベンチャー企業と呼ばれてきた企業群は，この急進的拡大のタイプに合致する。外部資金を得た場合に，それは「独立した」中小企業から基本的には外れることになる。

このような中小企業をめぐるさまざまな類型は，中小企業の質的規定と関連している。質的規定に関連して，たとえば「ベンチャー」企業と「一般」中小企業との質的な差異あるいはその要素の違いをめぐって議論が繰り広げられてきた（たとえば，松田 2001 など）。急成長するタイプの企業をベンチャー企業と呼ぶとすると，一般中小企業というのは成長志向の乏しい存在ということになりかねない。しかしながら，中小企業には多様な存在のかたちがある。そもそも企業成長をどのようにとらえ，そのプロセスをどう描くのかについては多くの議論がある[7]。斎藤（2016）のように，規模を拡大していく経営が望ましいということは，中小企業の多様な存在を認めていく観点から異論を唱えざるをえない。たとえば企業的経営で事業の志向が安定的である場合に，事業規模を拡大しなくとも，生産性が相対的に高く，適切な収益の確保や適正な賃金の分配がなされているのであれば，それはそれでよいであろう。中小企業は，必ずしも規模の拡大たる量的な成長を志向するだけが経営ではなく，存立し続けていくことを可能とする質的な発展をともなう経営こそが志向されるべきである。

4. 中小企業が実践する持続可能な経営

近年，企業の規模にかかわらず企業が存続し続けていくということが企業戦略において重要であるという認識が高まっている（たとえば，Sted and Sted 2014 など）。これは中小企業である場合には，中小企業のままで持続的に経営していくことが，企業戦略上重要であるということである。それでは，中小企業が持続的に経営するためには，どのようなことを経営上実践し

---

(7) 企業成長をめぐる諸議論については，関（2018）におけるレビューを参照のこと。

ていくことが必要なのであろうか。以下では，中小企業の持続可能な経営に寄与する経営実践として，3つの視角を提案していく。

4.1. 100年以上存続する経営：100年経営

1つは，100年以上存続するための経営，すなわち100年経営である。

近年，日本における老舗企業を対象とした100年経営が脚光を浴びている。日本には，創業以来100年以上続く企業が5万2000社あると推計されており（後藤編 2012），200年以上となるとその数は約4000となる。その企業の特徴がファミリービジネス（同族経営）であるという。階戸によれば，日本ではファミリービジネスは遅れている企業形態と長く思われていたが，世界では重要な位置を占めていることが明らかとなってきており，むしろ誇らしいとさえ語られることがあるという（階戸 2016, pp.2-3）。

100年以上存続する企業を対象として，長期にわたって持続することが可能であるのはなぜなのか，またそうした企業にはどのような特徴があるかなどについて，ファミリービジネスなどさまざまな角度から研究が取り組まれてきた（後藤編 2012，階戸 2016，長谷川 2016，Miller and Miller 2005，帝国データバンク史料館・産業調査部編 2009）[8]。たとえば横澤編（2012）

---

(8) 後藤らは，長期持続型経営を実現するためには，次の6つの要素が必要であるという（後藤編 2012）。1つは，ビジョン（Vision）であり，この戦略の最も重要な要素としている。2つは，優越性（Dominance）であり，コアコンピタンスの重視と徹底強化である。3つは，統治（Governance）である。これは意思決定メカニズムの明確化および情報共有などを意味するコーポレート・ガバナンスと創業家一族の合意形成を意味するファミリー・ガバナンスからなる。4つは，リスク・マネジメント（Risk Management）であり，財務的安全性のみならず経営の独立性や発生後の復元力も重要視している。5つは，長期的関係性（Relationship）であり，ステークホルダーとの長期的な視点に立った緊密的な関係を重視する。6つは，承継（Succession）であり，経営と資産の所有から構成される。1〜5は事業戦略に関する要因であり，6つめの承継の要素が有機的に結合して，初めて長期的な成長と長寿性が実現することになる。

10

は，老舗企業が長期的に経営を維持できた要因として，次の8つの項目があるという。すなわち，①基本理念の承継と顧客ニーズの変化に対応した革新，②顧客第一主義，本業重視，品質本位，従業員重視，③目に見えない価値観を組織内で承継，④暗黙知としての価値観，⑤形式知として家訓などの形で承継される場合もあるが時代に応じて変化している，⑥顧客第一主義，カスタマーズ・アイによる革新の断行，⑦伝統の承継と顧客ニーズの変化に合わせた革新，⑧儲けは手段であり，もっと大きな価値観を基本理念としている，である。なかでも伝統（受け継がれたもの）と革新（時代の変化に対応したもの）のバランス感覚の重要性を指摘している（長谷川 2016，p.46）

　日本以外においても，ファミリービジネスに対する関心が高まっている（Craig and Moores 2017, Miller and Miller 2005）。たとえば，MillerとMillerは，企業が成功を長期にわたって維持するための1つの要因としてファミリービジネスを指摘し，成功するファミリービジネスには，永続的かつ本質的なミッションを追求する継続性（Continuity），強いコミットメントと動機づけをもつ人員によって結束といたわりの組織文化を育むコミュニティ（Community），会社を長期的に支える「Win-Win」関係を外部関係者と結ぶコネクション（Connection），状況に即して勇気ある決断を下す自由と俊敏な組織を保つための自由を維持するコマンド（Command），の4つのCから生み出される経営実践があるという（Miller and Miller 2005）。

　老舗企業を対象とした100年経営の一連の研究で重要視されてきたことは，100年以上にわたって経営を持続させてきたという持続的な経営そのものであり，老舗企業と呼ばれる企業群が存立し続けてきたという事実である。日本の老舗企業のほとんどが中小企業であり，ファミリービジネスによって持続的な経営を可能としている。これは，日本における中小企業が，たとえば企業的経営で事業の志向が安定的である場合に，規模が中小企業のままであったとしてもその持続的な経営こそが重要であるということにな

る。日本の中小企業のなかには，ファミリービジネスとして長期にわたって存立し続けてきた企業が多く存在しているということが，ただ社会的に広く知られていないということだけなのである。

4.2. 社会とのかかわりをもつ経営：社会的経営

2つは，社会とのかかわりをもつ経営，すなわち社会的経営である。

企業がそもそも存立し続けていくためには，企業の経済活動にかかわる従業者や，販売先となる顧客，そして出資者（株主）など，多くの利害関係者に配慮して行動しなければならない。企業の経済活動は，こうした利害関係者によって支えられているために長期にわたって行われうる。言い換えれば，企業は社会のなかで生かされているのであり，社会に対して配慮した経営が求められる。それは企業が社会の公器と言われるゆえんでもある。

コーポレート・ガバナンス（Corporate Governance：企業の統治）やCSR（Corporate Social Responsibility：企業の社会的責任）といった観点から，企業が社会に配慮した経営がより重要であると言われた背景には，企業，とりわけグローバルに事業を展開させている企業の経済活動が社会に与える影響が大きいことがある。これに対して，中小企業からすると，事業規模が大企業よりも小さいために，社会とのかかわりといっても，自社とは無縁であると考えるであろう。それゆえ，中小企業では，この社会の地理的レベルがより自社が立地する周辺地域となり，周辺地域に配慮した経営がより重要になる。このように，社会といっても，企業の事業規模によって社会の地理的レベルが異なることがある。しかしながら，中小企業のなかには，事業の内容によっては間接的にせよ社会に影響を及ぼすこともありうる。このことから，中小企業といえども社会に配慮した経営が重要ではないということには必ずしもならない。

このように企業は，その規模にかかわらず，社会に配慮した経営が重要と

【図表1-1】事業規模と「社会」との関係

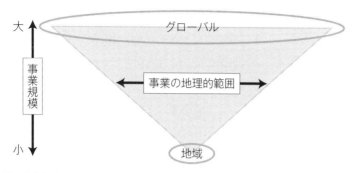

出所：筆者作成。

なる。これは企業が経済活動に伴う経済的価値の創造だけでなく，広く社会のニーズに対応したかたちでの社会的価値の創造もはたさなければならないという考え方につながる。こうした考え方の1つがCSV（Creating Shared Value：共有価値の創造）である（Porter and Kramer 2006・2011）。CSVが提唱されるまでは，どちらかといえば，CSRは社会に果たすべき責任というように，その取組みをつうじて実現される社会的価値の創造のみに焦点があてられがちであった。しかしながら，CSVが提唱されてからというもの，CSVが「共有価値の創造」と日本語で表記されるように[9]，社会的価値の創造だけでなく経済的価値の創造との共有が強調された[10]。

　CSRやCSVは，いずれにしても，社会のニーズに対応したかたちでの社会的価値の創造をともなう。すなわち社会的課題の解決を目指した取組みと

---

[9]　CSVは多くは「共通」価値の創造と訳されるが，本章では経済的価値と社会的価値との両輪という意味合いから「共有」価値の創造とする。

[10]　池田によれば，日本の中小企業のなかには，その数は多くないが，CSRの取組みのなかで，地域との共生を図ろうとする事例があることを指摘する反面，CSRの取組みの多くがCSVになっていないという現状を指摘し，CSRを実施しやすい社会の成熟化を展望している（池田 2018，pp.255-256）。

なる。しかしながら，そもそも企業は社会的課題の解決だけでなく，社会的課題を生まないような社会をつくるために，社会に配慮するということよりも，むしろ社会とかかわる経営が重要となる（大室2016）。大室は，社会的課題の解決だけでなく，それ以前に社会的課題が生じないようにその課題を抑制し，また社会的課題が存在することに対して警鐘をならすような経営スタイルをもつ企業が社会にとってよい企業，すなわちサステイナブル・カンパニーと呼び，その実践事例を紹介している（大室2016）。

　日本における中小企業は，その地域レベルは異なるにせよ，社会とのかかわりをもって存立し続けてきている。中小企業は社会的価値を創造し，社会の持続に貢献していく。そして社会が中小企業を生かし，企業を次の展開に導く。このような社会との相互作用が，中小企業の持続的な経営にとって重要となる。中小企業のなかには，社会とのかかわりをもち，何のためにこの社会で存在しているのか，なぜ社会から生かされているのか，をつねに問いながら社会的経営を実践している企業が存在しているということが，社会的に広く知られていないというだけなのである。

4.3. SDGsの達成に貢献する経営：SDGs経営

　3つは，SDGsの達成に貢献する経営，すなわちSDGs経営である。

　企業と社会とのかかわりをより具体的な内容で示した企業の新しい実践として着目されているのがSDGsである。SDGsとは，Sustainable Development Goalsの略称であり，日本語では「持続可能な開発目標」と訳出される。2015年9月25日の第70回国連総会で採択された2030アジェンダの文書のなかに示された，2030年に向けた全世界共通の持続可能な成長戦略であり，その中心的なテーマがSDGsである。

　SDGsで掲げるのは17個の目標と169のターゲットである。この17個の目標というのは，具体的には，①「あらゆる場所のあらゆる形態の貧困を終

わらせる」，②「飢餓を終わらせ，食糧安全保障及び栄養改善を実現し，持
続可能な農業を促進する」，③「あらゆる年齢のすべての人々の健康的な生
活を確保し，福祉を促進する」，④「すべての人々への，包摂的かつ公正な
質の高い教育を提供し，生涯学習の機会を促進する」，⑤「ジェンダー平等
を達成し，すべての女性及び女児の能力強化を行う」，⑥「すべての人々の
水と衛生の利用可能性と持続可能な管理を確保する」，⑦「すべての人々の，
安価かつ信頼できる持続可能な近代的エネルギーへのアクセスを確保する」，
⑧「包摂的かつ持続可能な経済成長及びすべての人々の完全かつ生産的な雇
用と働きがいのある人間らしい雇用（ディーセント・ワーク）を促進する」，
⑨「強靭（レジリエント）なインフラ構築，包摂的かつ持続可能な産業化の
促進及びイノベーションの推進を図る」，⑩「各国内および各国間の不平等
を是正する」，⑪「包摂的で安全かつ強靭（レジリエント）で持続可能な都
市及び人間居住を実現する」，⑫「持続可能な生産消費形態を確保する」，⑬
「気候変動及びその影響を軽減するための緊急対策を講じる」，⑭「持続可能
な開発のために海洋・海洋資源を保全し，持続可能な形で利用する」，⑮
「陸域生態系の保護，回復，持続可能な利用の推進，持続可能な森林の経営，
砂漠化への対処，ならびに土地の劣化の阻止・回復及び生物多様性の損失を
阻止する」，⑯「持続可能な開発のための平和で包摂的な社会を促進し，す
べての人々に司法へのアクセスを提供し，あらゆるレベルにおいて効果的で
説明責任のある包摂的な制度を構築する」，⑰「持続可能な開発のための実
施手段を強化し，グローバル・パートナーシップを活性化する」となってい
る。
　途上国が成長していくためには，先進国が生み出してきた環境問題や健康
問題などのさまざまな諸問題については新興国は無縁ということでなく，新
興国なりの目標設定をするべきという認識をもとに，先進国と新興国の共通
の目標として設定された。これが，SDGsがこれまでの国連の取組みとは異

【図表 1-2】 SDGs が掲げる 17 の目標

出所：外務省ホームページ。
https://www.mofa.go.jp/mofaj/gaiko/oda/sdgs/pdf/2001sdgs_gaiyou.pdf
（2020 年 1 月 31 日閲覧）

なるといわれるゆえんである[11]。さらに SDGs は，企業の参画を促している
ということに特徴がある。企業が社会に与える影響を考えると，企業の参画
なしに諸課題は解決されない。そこで日本では，日本経済団体連合会が推進
したり[12]，また外務省でも「ジャパン SDGs アワード」で企業などの取組み

---

(11) 国連における 1992 年の地球サミットでの「アジェンダ 21」，2000 年のミレニ
　　アム・サミットでの MDGs（Millennium Development Goals；ミレニアム開発目
　　標）から SDGs に至る一連の経緯については，村上・渡辺（2019）が詳しい。
(12) 日本経済団体連合会では，2017 年 11 月に企業行動憲章を改定したが，その改
　　定のなかで「Society5.0 の実現をつうじた SDGs の達成」という表現を加えている。
　　なおここで言う Society5.0 とは，内閣府の「総合科学技術・イノベーション会議」
　　のなかで「サイバー空間（仮想空間）とフィジカル空間（現実空間）を高度に融合
　　させたシステムにより，経済発展と社会的課題の解決を両立する，人間中心の社会
　　（Society）」と定義されている。

を表彰したりするなど，大企業を中心に，経営実践をつうじてその諸課題を解決していこうという運動となっている。これは，コーポレート・ガバナンスやCSRなどが，全世界に影響を及ぼすほどの事業規模が大きい大企業が，経営上問題を引き起こすことによって，それをどのようにすれば解決することができるかといった諸点から問題提起がなされたことと共通している[13]。

　SDGsでもっとも重要なことは，その頭文字のS，すなわちサステナビリティ（持続可能性）である。平和，貧困，医療，水，エネルギー，まちづくり，環境，災害対策など，人類共通の課題に対して，政府任せでなく，企業が主体的にかつ政府と協働して取り組まなければ，世界の維持・発展が望めない。それゆえ，SDGsで掲げられた目標を，企業が主体的に達成すべく，何らかのかたちで貢献したいという意欲をもつことが重要となる。

　SDGsで掲げられた諸点は，その社会に与える影響の大きさから，大企業に焦点があてられがちであるが，中小企業の場合には，地域社会とかかわり合うなかで，SDGsで掲げられた諸点を無意識的に実践してきている場合がある。一般社団法人商工総合研究所は中小企業のSDGsへの取組みについてふれており，そこでも一部取り上げられているが，外務省の「ジャパンSDGsアワード」の受賞企業のなかには中小企業も含まれている（一般社団法人商工総合研究所 2020）。中小企業がこれまでに実践してきた経営とSDGsの目標とは大きく共通している。日本の中小企業のなかには，SDGsで掲げられた内容を無意識的にも実践している企業が存在しているということが，社会的に広く知られていないというだけなのである。

---

(13) ワークライフバランスについても，大企業における労使関係上生じるさまざまな諸問題を，むしろ制度設計だけではなく，経営者の側から積極的に解決していこうという経営実践である。

5. おわりに

　本章では，日本における中小企業が，これまで中小企業として日本の経済社会に永らく存立し続けてきたということに対する正当な評価が重要であるという観点から，その評価に寄与すると考える，この最近の新しい経営をめぐる3つの視角を試論的に提示することを目的としていた。その3つとは，1つには，長寿企業に見られる100年経営であり，2つには，社会とのかかわりをもつ社会的経営であり，3つには，世界の維持のために貢献していくことを目指すSDGs経営である。これらに共通しているのは，中小企業がただたんにその数が多く，企業数全体からみた割合が高いということからその重要性を指摘するのではなく，中小企業が存立し続けてきているというその持続可能な経営の実践内容に焦点を当てているという点にある。

　これら100年経営，社会的経営，SDGs経営の3つの視角は，新しい時代における中小企業の経営をめぐる重要な視角であり，今後もそうなり続けていくであろう。中小企業は，これまで日本および世界の経済社会を支えてきたし，今後も支えていく。しかしながら，中小企業の場合，その積極的役割が社会的に謳われながらも，国民はその重要性を真に認識するまでには至っていない。持続可能な経営を実現する中小企業の存在がより積極的に社会から評価されていくべきである。中小企業憲章が「中小企業は社会の主役である」としたように，企業（経営者・従業員），市民，行政，すべての社会の構成者が，持続的な経営を実践する中小企業が重要であると認識するような社会になるだけでなく，経営者，従業員が従事する企業が中小企業であることに誇りがもてるように，さらには国民が，中小企業が重要であるということを正しく認識していこう，あるいはその役割を正しく知っていこうと行動していくことが重要であろう。

　本章で提示した3つの視角のうち，とくに最後のSDGsはより重要な視角

となりうる。国民が中小企業の重要性を真に認識するまでには至っていない理由の1つは，大企業のなかでも上場企業が株価で市場から評価される点と異なり，社会的に評価される指標が相対的に多くないからである。その意味において，SGDsとして掲げられた諸点が広く国民に周知され，その経営実践が広く国民に積極的に評価されることは，SDGsに取り組む中小企業が積極的に評価されていくことにつながる。こうした持続可能な経営を実践する中小企業が，質的に評価されていくことによって，日本における中小企業が中小企業として，これまで日本の経済社会に永らく存在し続けてきたということに対する正当な評価にもつながっていくことに期待したい。

　本章は，試論的な考察にとどまっているがために，残された課題が山積している。1つに，本章で紹介してきたこれら3つの視角は，個別に取り上げ，紹介をしてきたものの，それぞれにおいてその内容をめぐって個別に議論が展開されているように，検討の余地が十分に残されている。2つに，3つの視角がそれぞれに関連が深く，不可分の関係にあるが，その関連については必ずしも明確ではない。3つに，取り上げた3つの視角がそれぞれにおいて重要であるが，必ずしも体系的に整理されたものではない。4つに，本章の検討が，日本のあるいは世界の中小企業の研究潮流にとってどのような位置づけとなりうるか，必ずしも明らかではない。本章はあくまで試論的な考察にとどまり，不十分な部分が多くあろう。しかしながら，本章は同時に，長期視点に立った近未来型の中小企業経営ならびに中小企業研究の提案でもある。本章で示したような諸点と関連した諸研究が，本章の提示を契機にいっそう展開されていき，中小企業が中小企業として存在し続けてきたということに対する正当な評価にいっそう寄与していくことを期待する。

付記

　本章は，拙稿（2020）「中小企業の持続可能な経営としての100年経営，社会的経営，SDGs経営─新時代における中小企業経営の3つの視角─」同志社大学商学会『同志社商学』第71巻第6号（百合野正博教授退官記念号）に掲載された原稿を，本書の収録のために加筆・修正したものである。

【参考文献】

Churchill, N.C. and V.L. Lewis (1983) "The Five Stages of Small Business Growth" *Harvard Business Review*, May-June, pp.30-50

Craig, J.B. and K. Moores (2017) Leading a Family Business: *Best Practices for Long-Term Stewardship*, ABC-CLIO, LLC（東方雅美訳『ビジネススクールで教えているファミリービジネス経営論』プレジデント社，2019年）

Miller, D. and I.L. Breton-Miller (2005) *Managing for the Run*, Harvard Business School Press（斉藤裕一訳『同族経営はなぜ強いのか』ランダムハウス講談社，2005年）

OECD (2019) *OECD SME and Entrepreneurship Outlook 2019*, OECD Publishing

Porter, M.E. and M.R. Kramer (2006) "Strategy and Society: The Link between Competitive Advantage and Corporate Social Responsibility," *Harvard Business Review*, Vol.84, No.12, pp.78-94（「競争優位のCSR戦略」ハーバード・ビジネス・レビュー編集部編『DIAMONDハーバード・ビジネス・レビュー』2008年1月号，ダイヤモンド社，pp.36-52）

Porter, M.E. and M.R. Kramer (2011) "Creating Shared Value: How to Reinvent Capitalism and Unleash a Wave of Innovation and Growth," *Harvard Business Review*, Vol.89, No.1-2, pp.62-77（「共通価値の戦略─経済的価値と社会的価値を同時に実現する─」ハーバード・ビジネス・レビュー編集部編『DIAMONDハーバード・ビジネス・レビュー』2011年6月号，ダイヤモンド社，pp.8-31）

Sted, J.G. and W.E. Sted (2014) *Sustainable Strategic Management*, M.E. Sharpe, Inc.（柏樹外次郎・小林綾子訳（2014）『サステナビリティ経営戦略─利益・環境・社会をつなぐ未来型マネジメント』マグロウヒル・エデュケーション）

池田潔（2018）『現代中小企業の経営戦略と地域・社会との共生―「知足型経営」を考える―』ミネルヴァ書房

一般社団法人商工総合研究所（2020）『中小企業経営に生かすCSR・SDGs―持続可能な調達の潮流とCSR経営―』一般社団法人商工総合研究所

植田浩史（2014）「日本経済と中小企業」植田浩史・桑原武志・本多哲夫・義永忠一・関智宏・田中幹大・林幸治『中小企業・ベンチャー企業論［新版］―グローバルと地域のはざまで―』有斐閣，pp.21-42

大室悦賀（2016）『サステイナブル・カンパニー入門―ビジネスと社会的課題をつなぐ企業・地域』学芸出版社

後藤俊夫編著（2012）『ファミリービジネス―知られざる実力と可能性―』白桃書房

後藤康雄（2015）「日本経済における中小企業のプレゼンスと政策のあり方」独立行政法人経済産業研究所（RIETI）BBLセミナープレゼンテーション資料 http://www.rieti.go.jp/jp/events/bbl/15012301_goto.pdf（2020年1月31日閲覧）

齋藤毅憲（2016）「スモール・ビジネスの成長をめぐって―存続モデルの提案―」『横浜市立大学論叢社会科学系列』第67巻第3号，pp.1-14

佐竹隆幸（2008）『中小企業存立論―経営の課題と政策の行方―』ミネルヴァ書房

階戸照雄（2016）「日本は世界一のファミリービジネス大国」ファミリービジネス学会編・奥村昭博・加護野忠男編著『日本のファミリービジネス その永続性を探る』中央経済社，pp.1-13

関智宏（2011）『現代中小企業の発展プロセス―下請制・サプライヤー関係・企業連携―』ミネルヴァ書房

関智宏（2017）「中小企業をイメージする―2013年度における大学生を対象とした調査から―」『同志社商学』第69巻第1号，pp.85-148

関智宏（2018）「中小企業の国際化と成長発展プロセス―「ヒト」の国際化による企業組織の質的変化―」日本中小企業学会編『新時代の中小企業経営―GlobalizationとLocalizationのもとで―』同友館，pp.31-44

関智宏編著（2020）『よくわかる中小企業』ミネルヴァ書房

帝国データバンク史料館・産業調査部編（2009）『百年続く企業の条件』朝日新書

村上芽・渡辺珠子（2019）『SDGs入門』日経文庫

長谷川博和（2016）「永続ファミリービジネスの類型」ファミリービジネス学会

編・奥村昭博・加護野忠男編著『日本のファミリービジネス その永続性を探る』中央経済社，pp.41-60

松田修一（2001）『ベンチャー企業（2版）』日経文庫

安田武彦（2019）「平成年間の中小企業政策に関する考察―企業の新陳代謝に係る政策を中心に―」『経済論集』第44巻第2号，pp.195-209

山田宏（2013）「中小企業政策は何を目的とするのか―中小企業政策とその思想の変遷―」参議院調査室『経済のプリズム』第109号，pp.1-26

山中篤太郎（1948）『中小工業の本質と展開―国民経済構造矛盾の一研究―』有斐閣

横澤利昌編著（2012）『老舗企業の研究（改訂新版）』生産性出版

関　智宏

第2章

100年経営と日本企業
—— 新しい過去から学び未来を創造する

1. はじめに

　企業の寿命は30年と言われて久しい。企業を取り巻く経営環境がより複雑化していくなかで，起業しても会社を持続させていくことは難しいが，とくに着目すべきことは，日本の企業数の約99.7％を占める中小企業の多くが，現在，主に2つの課題に直面しているということである。1つは，社長の平均年齢が61歳とも言われ，さらにその年齢の高齢化が進んでいるという課題である。もう1つは，社長の交代率が3.97％と低く，事業承継時の社長の平均年齢が67.1歳となっており，継承年齢も高いという課題である。起業して会社として存続していても，このままでは事業承継ができないまま，大廃業時代を迎えかねない状況になっている。全国の中小企業に，選択が迫られている。

　そうした社会経済情勢のなかで，近年注目されているのが，創業してから100年以上が経過している日本の長寿企業である。世界で100年以上操業している企業のなかで，操業年数の最も長い企業のトップ10社のうち，日本の企業は実に9社もランクインしている。そのなかには，578年の飛鳥時代に創業した金剛組や，奈良時代から続く世界最古の旅館であり，ギネスブックに登録されている718年に創業した法師旅館が含まれる。また，創業100年以上の企業（100年超企業と呼ぶ）の数でも日本は世界一を誇っており，全世界の100年超企業のうち約40％が日本に存在するとされている。日本は，まさに「長寿企業大国」である。日本国内を中心に世界の100年超企業を研究している一般社団法人100年経営研究機構のデータベースによると，日本には100年以上続く企業が2014年時点で25,321社存在することとなっており，直近では33,000社～35,000社程度あるものと推測されている。ちなみに，創業200年以上の企業は3,937社，300年以上が1,938社，500年以上が147社，1000年以上が21社となっている。これらの数字は，世界各国

24

の長寿企業数と比較すると非常に多い数となっている。また，上場企業に占める老舗企業は600社超であり全体の約20％を占めていることも，「長寿企業大国」日本の特徴と言える。

　日本の長寿企業は，持続的な経営を実践しているとして海外からも注目を浴びている[1]。このことは，地球全体で社会や環境の持続性を求める機運が高まるなかSDGs（Sustainable Development Goals）と呼ばれる持続可能な開発目標が掲げられ，世界中の企業が真剣に目標達成に向けて動き出していることと無関係ではない。世界は今，持続可能性の高い経済システムや新たな資本主義を求めており，日本の長寿企業が古くから実践してきた長寿経営という経営のあり方にヒントが隠されているのではないかと考えている。長く続いた会社が無自覚に続けてきた取組みは，今で言うSDGsやCSRを先駆けて実践していたものだったといえる。

　本章では，現在注目される創業してから100年以上を超える日本の長寿企業の特徴と，そこから日本の企業，とりわけ中小企業が学ぶべき教訓を提示することを目的とする。

2. 100年超企業を輩出する6つの要素

　長寿企業とそうでない企業の差異を長く研究している後藤俊夫によれば，長寿企業には共通する6つの要素があるという[2]。それは，「長期的視点」

---

(1) 最近，筆者に中国企業から「日本の長寿企業を視察したい」というオファーを受けることが増えており，また，韓国の済州島で開催された，東アジアから世界の平和と秩序を考える「済州フォーラム」や韓国中小企業学会などで「100年経営」について発表させていただく機会を得ていたりするなど，日本よりも海外で長寿企業への関心が高まっている印象がある。
(2) 2016年2月5日に一般社団法人100年経営研究機構主催の「第3回東京本部研究会」で行われた後藤俊夫による講演「長寿企業の成功要因と6つの経営戦略」に基づく。https://media.valcreation.co.jp/2016/11/11/20160205/（2020年1月31日閲覧）

「身の丈経営」「優位性駆使」「長期的関係」「安全性」「承継の決意」の6つである。

1つ目の「長期的視点」は、長寿企業が一般的な時間軸と異なり、「短期10年、中期30年、長期100年」という比較的長いスパンで経営を考えているという共通点から明らかにされた要素である。短期にあたる10年は事業承継の準備期間、中期にあたる30年は社長の在任期間といわれているため、その期間内の計画、長期にあたる100年では3世代の布石を打つという長期的な視点に立った計画を意味する。100年以上続いている企業の社長の平均在任期間は約30年である。要するに4代目で100周年を迎えることが多い。3代目までは勢いでいけたとしても、4代目まではある程度の仕組みがないと続かない。長く続いている企業は、結果的に長期的な視点に立ち、持続的な成長を重視した経営理念をもち、それを家訓や家憲で定義づけている。

2つ目の「身の丈経営」は、無理な規模拡大を図るのではなく、他人の資本に頼らず、持続的に成長することを重視し、拡大していくことを意味する。線香を製造する創業300年超の松栄堂は、親戚一同から構成される「家」が企業を所有し、線香屋として「細く長く生きる」経営を展開している。

3つ目の「優位性の駆使」は、市場や技術の周辺分野への進出で常に優位性を構築することである。100年超企業のうち、じつに約80％は創業時から業態や業種を変えて今に至っている。和菓子の名店である虎屋の家訓は「伝統と革新」である。これは伝統と革新は同列という意味ではなく、無我夢中に革新をし続けた結果が伝統になるという考え方であるという。老舗企業は状況に応じて臨機応変に対応していくことが必要とされており、新規事業に対する意識も高い。これが「優位性の駆使」につながる。

4つ目の「長期的関係」は、利害関係者との長期的な関係を大事にしているという点である。コストカットのために安易に得意先を切り替えるということはせず、長期的な付き合いが継続されている。長寿企業からすれば、今

26

まで培ってきた「阿吽の呼吸」や与信リスクを考えると，長期的関係にある得意先と付き合い続ける方が，結果としてコストパフォーマンスが良いと判断している。これは逆に言うと，新たに老舗企業の取引先に入るには参入障壁が高いということである。信用こそ最大の財産とし，従業員や地域社会などを含めたステークホルダーとの長期的な関係を築き上げることは企業にとっての最大の財産ともいえる。

　5つ目の「安全性」は，有事への備えである。地震や天変地異，戦争などが起きてきたなかでも残っていた企業をみると，通常の金融政策以外にも，不測の事態が起きたときにどうするかをきちんと備えていたところが多かったという。老舗企業が永続してきたなかで，自然災害などの避けられない事態に対応するための備え，また復興していくための方法などが受け継がれている。

　そして最後の6つ目の「承継の決意」は，家業を継続するために，次世代へ継承するという強い意志のことである。これは100年超企業にとって必須の条件である。現在は親族内における経営の継承意識が薄れてきているが，会社を継続させるためには次世代へ継承するという強い意志が必要であることに変わりはない。例えば長寿企業の社史からは「絶体絶命の状況でも会社を続けなければならないという強い意志が事態を好転させた」と読み取れる内容が多い。

　上で示した6つの要素は，あくまで現存する100年超企業を調べた結果として得られた共通点である。この6つの要素からは「会社というのは社会の公器である」という考え方も読み取ることができる。長寿企業から得られる6つの要素は，単なるメソッドではなく「道（タオ）」といった哲学に近いものであり，「100年経営道」とでも呼ぶべき内容であると考えている。したがって，長寿経営の要素を単純なスキルや知識と同列に扱うことはできず，長寿企業になるための方法は「有るようで無く，無いようで有る」といえるが，これが100年経営道たる所以である。

【図表2-1】100年超企業を輩出する6つの要素

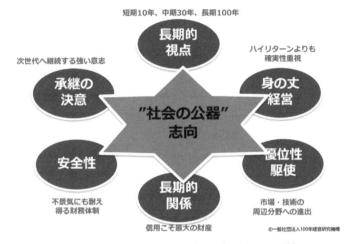

出所：https://keiei.freee.co.jp/articles/i0101762（2020年1月31日閲覧）

3. 100年超企業の帝王学

100年超企業を掘り下げていくと，一子相伝のように継承される「帝王学」が見えてくる。例えば，「社長は仕事をしてはダメだ。周りにさせなさい」とよく言われることがある。これは「社長以外でもできる仕事は，周りの人がやることで全体の生産性が上がる」といった成功哲学的な理由のようにもみえる。しかしながら，それは正しくない。帝王学的には「周りの人に仕事をやってもらうと，ありがとうと言えるチャンスが増える」という解釈をする。全部自分でしたほうが早いかもしれないが，自分以外の人にしてもらわないと「ありがとう」と言えない。だからこそ周りの人に多くの仕事をさせたほうがいい，というようなことが教えられている。

長寿企業が代々にわたって事業承継を行う際に，取引先に挨拶に行くことがある。そのときに長寿企業は，取引先に対して「あなたの会社には祖父の

代から良くしてもらっていますから，これからもお願いします」というような事を当たり前のこととして言う。帝王学をしっかりと叩き込まれている次世代の経営者は，これを聞いて，「これからの自分の振る舞いが，子や孫の代に影響を与える」というつながりが瞬時に見えるという。次世代の経営者は，子や孫の代を守っていくためには，「祖父の代からお世話になっている」と言ってくれる人をどれだけ自分の代で作っていけるかが大切であると先代から教えられている。

　近江商人の「三方良し」の精神は有名であるが，そこにも，いわゆる成功哲学ではない帝王学的な側面がある。近江商人というのは近江で商売をしている人ではなく，近江から他の地域に出て商売を成し，結果的にそこに店を構えて商売が続いている人たちのことを意味する（山本 2018）。江戸時代において，近江商人は今で言う外資系企業であった。というのも，江戸時代は全国各地の藩で，それぞれ独自に領地内の租税や規制が設けられており，藩境の関所を行き来するのも自由ではなかったため，藩をまたがって商売するということは今でいうグローバル・ビジネスであった。

　そのような背景もあってか，当時の当主の遺言や家訓には「常に他国者意識を持ち続けて，陰ながら良い行いをしましょう」ということが教えられている。このような「陰徳善事」の精神を突き詰めていくと，結果的に三方良しという「自分は一番最後に良ければいい」という商売のベースにたどり着く。それが近江商人の1つの考え方である。まさに孫の代やその先を見据えて商売を行っていることが，結局は「急がば回れ」で目の前の業績を上げることにつながっている。

4. 100年超企業から何を学ぶか？

　100年超企業には，日本古来の商売の考え方が多く残っている。その「商

人道」とも呼べる考え方の1つが石田梅岩（梅巌）の教えであり，石田梅岩を始祖とする「石門心学」の考え方である。日本になぜ長寿企業が多いのかという1つの答えに，「実の商人は，先も立，我も立つことを思うなり」という石田梅岩の考え方が根底にあると，私は考えている。日本の長寿企業が営んできた商売と現代一般的にとらえられているビジネスは，似ているようでまったく異なっている。ビジネスというのは，同業他社からいかに市場を奪うか，1円でも高く売るにはどうすれば良いのかに主眼が置かれている。しかしながら，商売というのは，石田梅岩が唱えたように「先も我も立つ」ことが前提にある。江戸時代に創業した現存の100年超企業が多いことから，江戸時代に提唱された商人道が100年超企業を多く作ったという説もある。

　石田梅岩は江戸時代前中期，元禄から享保期を生きた人物である。第5代将軍徳川綱吉の時代は元禄バブルであり，商人に莫大な富をもたらす一方で，武士や庶民はインフレに苦しんだ。やがて元禄バブルは崩壊し，立て直しのために第8代将軍徳川吉宗によって享保の改革が行われると，物価は下落してデフレ経済が進行した。商家の倒産が相次ぎ，商人を軽んじる風潮が蔓延した。こうしたなかで，本来あるべき商人の道を説き，経済思想家としての活動を行っていたのが石田梅岩であり，この時代に石門心学といわれる独特の哲学，心学が生み出された。

　石田梅岩は，「正直な商行為乃ち道なり」，つまり「正しい商売をしてお金をもらって何が悪い」と説いた。これ以降，商人を中心に全国に石門心学が広まった[3]。のちにロバート・N・ベラーが世界に石田梅岩を広めたことにより世界でも心学は注目されることになった（たとえば，ベラー（1996）など）。また石門心学は，二宮尊徳の報徳思想にも多大なる影響を与え，その

後渋沢栄一や松下幸之助，稲盛和夫といった日本を代表する経営者も，石田梅岩から発展した経営哲学を大切にしている。

　これからの時代には，石田梅岩が説いた「商人道」がよりキーワードになってくると考えられる。資本主義のあり方が変化を迫られる今，経済活動の最先端にいる経営者から意識を変えていかなければ大きな変革は起こらない。勝者と敗者が生まれるのがビジネスの常であるが，商人道の観点から見れば，「勝つ」には相手を打ち負かすことだけでなく，目的を達成する「克つ」もある。ビジネスリーダーである経営者が，その「目的を達成する勝ち方」をそれぞれのビジネスに置き換えていくことができるような流れが必要であろう。そのためには，石田梅岩の考え方の実践である長寿経営を実学として学ぶことで，現在の経営者のなかに，日本で育まれた商人道を再び浸透させていくことが必要である。

　100年超企業から学ぶことはほかにもある。主だったものとして，「環境問題への高い関心」「革新の継続」「ソーシャル・ビジネスの具体例」「あらゆるものへの感謝」といった点があげられる。

　1300年企業の法師旅館の当主は地球の環境問題に心を痛めている。法師旅館は，200年の社歴があり経営状態が良好な同族経営など，諸条件を満たさなければ入会できないフランスのエノキアン協会に加入している[4]。法師旅館の第46代目当主によれば，「私共が1300年生きてきたわけではない，先代から預かった物を少しでもよりよくしてきた結果」であるという。法師旅館は，現在はパリ協定に注目し，1400年を目指すためには地球がきれいなままでいなければならないと考えている。このように，長く続いている

---

(4) 日本では，法師旅館のほか，月桂冠，岡谷鋼機，赤福，虎屋，ヤマサ醬油，材惣木材，中川政七商店の8社が加盟している。イタリアが16社，フランスが12社，ドイツが3社，オランダが2社など，50社程度で構成されているが，もっとも古いのは法師旅館である。https://www.henokiens.com/content.php?id=5&lg=en（2020年1月31日閲覧）

からこそ，100年超企業は独自の環境問題への高い関心を有している。

　先にも引用したが，和菓子の名店である虎屋は，「伝統と革新」を家訓としている。老舗企業は，商いするものや方法を頑なに変えずに事業を継続してきたわけではない。古いことを守るだけでなく，新しいことにもチャレンジをしている。価値観や考え方のベースにあるスタンスが変わらないだけであって，事業を守りぬくためには変化をいとわない果敢な姿勢が，老舗企業の歩みから見てとることができる。長く愛される老舗企業は，共存共栄の精神や長期的ビジョンだけでなく，改革の精神を備えている。

　マイクロクレジットの創始者としてノーベル平和賞を受賞したムハマド・ユヌスは，コンセプトとしてのソーシャル・ビジネスの7つの原則を掲げた。それらは，1)「ビジネスの目的は，利益の最大化ではなく，人々や社会を脅かす貧困，教育，健康，技術，環境といった問題を解決すること」，2)「財務的，経済的な持続可能性を実現すること」，3)「投資家は投資額を回収するが，それを上回る配当は還元されないこと」，4)「投資の元本の回収以降に生じた利益は，ソーシャル・ビジネスの普及とよりよい実施のために使われること」，5)「環境へ配慮すること」，6)「雇用者はよい労働条件で給料を得ることができること」，7)「楽しみながらすること」である（ユヌス 2008)。ユヌスが掲げたこれらの7つの原則は，老舗企業とっては自然に行われてきたことであり，あまり違和感のない考えだと受け取られている。日本に古くからある近江商人の三方よしの理念と通ずるところも多い。ソーシャル・ビジネスは概念としての意味合いが強いが，日本に現存する100年超企業は，その実践例であると考えることもできる。

　浅草で130年続く，明治13年創業の老舗すき焼き店ちんやの6代目社長の住吉史彦は，「日本に長寿企業が多いのは，震災や天災が多かったからだ」

と語っている(5)。日本で災害が多いにもかかわらず，100年超企業が多いのは，日本人の思想や考え方が関係していると言われる。日本人は，天災に見舞われてもそれを受け入れて，不屈の精神で乗り越えようとする。東日本大震災などの大災害に見舞われた際，その日本人の精神が世界中から賞賛された。これは，いかなる状況においても「八百万の神様」とご先祖様に感謝し，先祖を敬いながら自然と共生してきた日本人がもつ「おかげさま」というあらゆる物事への感謝の気持ちが背景にある。100年超企業は，そうした考え方を強く今も残している。

5. おわりに

日本の100年超企業から学ぶことのできる会社を継続させるための哲学の一端を記してきたが，最も重要な要素は，さまざまな「おかげさま」に感謝することにあると考えられる。私たち日本人は，「ご先祖様に感謝しましょう」と言われて育ってきた。都会ではなかなか見られなくなったが，田舎には今でも先祖代々にわたって守ってきた墓があり，仏壇に手を合わせてご先祖様を敬えと教わってきた。また，草木国土悉皆成仏や森羅万象という言葉があるように，あらゆる物事に存在を感じて，それらを敬い感謝を忘れずに過ごしてきた。そうした日本人らしい思想が，ご先祖様から引き継いだものを良いかたちで守り続けようという自然な気持ちにつながっているのではないかと思う。

また，素直に感謝できるからこそ，「新しい過去に触れて，懐かしい未来をその先に創造していく」というあり方が可能になる。100年超企業の歴史

---

(5) 2017年6月19日に開催された一般社団法人100年経営研究機構主催とハリウッド大学院大学とで運営をする「100年経営アカデミー」の講義中での発言による。https://media.valcreation.co.jp/2017/06/19/academy0610/（2020年1月31日閲覧）

は，過去の歴史を学んでいくことに違いはないが，その「過去」というの
は，歴史の教科書に出てくる昔話ではない。老舗企業は，控えめで謙虚な姿
勢を美徳とし，表に情報を出さないことを潔いとするところが多い分，それ
らの老舗企業の歴史には，「新しい過去」とも言うべき，学ぶべき新しい発
見がある。

　筆者が専務理事・事務局長を務める一般社団法人100年経営研究機構で
は，「新しい過去を学ぶ」をテーマに，データベースの運営に基づき「100
年経営を科学」しながら，社会をより良い状態で次世代に託すための活動を
行っている。過去から想像される未来はまったく未知なものではなく，どこ
か懐かしさを備えている。懐かしい未来を見据えて，現代を生きることで新
しい時代が創られていく。

【一般社団法人100年経営研究機構】

　一般社団法人100年経営研究機構は，100年経営を科学することで，どの
ようにすれば企業やファミリービジネスの家系が長く続くのかということを
未来志向で導き出し，日本だけでなく世界に向けて発信していくことを目的
に設立された団体である。1999年から日本における長寿企業やファミリー
ビジネスの研究に従事してきた長寿企業研究第一人者である後藤俊夫が，長
寿企業のデータベースを取りまとめたことを契機に，発起人の1人となって
発足した団体である。

　後藤がとりまとめた長寿企業のデータベースの特筆すべき点は，設立はい
つで，従業員数が何人で，というような定量的なデータはもちろんのこと，
家訓や家憲（家の憲法）といった，極めて定性的でソフトな情報が含まれて
いることである。このような情報はファミリーガバナンスという文脈では非
常に重要であり，「名家」といわれる家系それぞれに事細かな家憲が定義さ
れていることも多く，そのなかにも長く続いている家と続いていない家があ

34

る。このようにデータ化されているところに大きなポテンシャルがあり，機構では，これらの情報を単なるデータベースではなく「データアーカイブ」として再定義しようとしている。

データアーカイブ事業には完成形はない。なぜならば，100周年を迎える企業は毎年1000〜3000社ほどあり，一方で深刻な事業承継問題がある。長寿企業といえども後継者不足による廃業は後を絶たない。そのためデータのアップデートは常に続けていかなければならず，データアーカイブを充足する枠組み作りも機構の大切な活動の1つとなっている。

100年経営を実現させていくことだけを目的にしているわけではない。むしろ経済全体の生産性を上げるためにも一定の新陳代謝は必要であるという考え方もある。長寿企業はあくまでも「結果」である。機構では，そこから企業のあり方や経営の本質を抽出し，次世代に伝えていくことに主眼を置いている。持続可能な経営につながるポイントを抽出し，経営の強靭化に寄与する情報として発信していく。

100年以上続いた企業のデータアーカイブには，何代も世代を超えて，なんとか次の代に続けよう，次の代はもっとうまくやっていこうと思った方々のストーリーが散りばめられている。そこから何を見出すのか，何を学ぶのかを体系化して，日本で培われた経営哲学をより深く学べる場を作っていく。また今の大事業承継時代を大廃業時代にしないようにするためにも，知見や仕組を提案していくなど，機構に求められている役割は大きい。

付記

　本章は，筆者がこれまでに行ったいくつかの講演や取材の内容[6]，また2019年4月18日に開催された同志社大学中小企業マネジメント研究センター主催の中小企業マネジメント研究会にて本章と同題のタイトルでの講演内容に基づいている。これらの内容を，本書への所収のために編集した。なお編集は，同志社大学商学部関ゼミ4期生の浦田朋和さんと齋藤彩香さんが担当し，編者である関智宏が全体を編集した。

【参考文献】

ユヌス・ムハマド（猪熊弘子訳）（2008）『貧困のない世界を創る―ソーシャル・ビジネスと新しい資本主義―』早川書房

ベラー，R.N.（池田昭訳）（1996）『徳川時代の宗教』岩波文庫

ファミリービジネス白書企画編集企画編集委員会編（監修・後藤俊夫/企画編集委員長・落合康裕）（2015）『ファミリービジネス白書2015年度版―100年経営を目指して―』同友館

ファミリービジネス白書企画編集企画編集委員会編（監修・後藤俊夫/企画編集委員長・落合康裕）（2018）『ファミリービジネス白書2018年度版―100年経営とガバナンス―』白桃書房

後藤俊夫編著（2012）『ファミリービジネス―知られざる実力と可能性―』白桃書房

後藤俊夫監修（2017）『長寿企業のリスクマネジメント―生き残るためのDNA―』第一法規

後藤俊夫（2009）『三代，100年潰れない会社のルール』プレジデント社

横澤利昌編著（2012）『老舗企業の研究――〇〇年企業に学ぶ革新と創造の連続―』生産性出版

山本昌仁（2018）『近江商人の哲学―「たねや」に学ぶ商いの基本―』講談社現代新書

藤村雄志

---

(6) 具体的には，ビッグライフ21の掲載記事「株式会社VALCREATION―人創りこそが，持続可能な企業経営を可能にする」
http://www.biglife21.com/companies/14083/?fbclid=IwAR2T1_wr3mvLWNH-CzDYWRyvbI18Nu8Yr1vXKSFVwsXEeKJ0M5nhDp5NWyM
と経営ハッカーの掲載記事「"商いの本質"見つけたり！100年続く長寿企業になるための"秘伝のタレとは？"」https://keiei.freee.co.jp/articles/i0101762である。

第3章

ファミリービジネスと持続可能な経営

——生田産機工業の事例を中心に

1. はじめに

　日本は世界一の老舗大国である。帝国データバンクが公開した「特別企画：長寿企業の実態調査（2019）」によれば，現在，日本において100年以上続く老舗企業の数は約3万3,259社を数えるという（帝国データバンク・産業調査部2019年1月8日）。ただし，この数字には，帝国データバンクが把握できていない小規模な老舗（個人経営など）の数が含まれていない。世界の老舗事情に詳しい経営学者の後藤俊夫の計算によれば，日本には約5万社の100年企業が存在しており，このうち200年企業は3,113社を数え，世界全体の200年企業（57カ国・地域に7,212社）の約43％を占めるという（後藤2009，pp.88-91）。さらに，やや古いデータではあるが，韓国銀行が2008年に発表した調査報告によれば，全世界には200年の経営歴史を有している企業の数は全部で5,586社（合計41ヵ国）ではあり，うちに日本企業の数は過半数の3,146社であり，堂々と首位となっている（韓国銀行2008）。サーベイの方法やデータの採取ルートなどが異なるため，統計の数値にはバラツキがあるが，日本が長寿企業の一番多い国であることは確認できている。

　では，日本のこれらの老舗企業の経営にはどのような特徴があるのか。前掲資料の韓国銀行（2008）においては，（1）本業重視，（2）信頼経営，（3）透徹した職人精神，（4）血縁を越えた後継者選び，（5）補修的な企業運用などがあげられた。そして竇少杰他（2014）は，（1）しっかりした家訓や経営理念などの精神面における継承，（2）旺盛なイノベーション精神と実践，（3）危機への対応および強い再生力をあげた。

　2016年6月から，筆者は京都市伏見区に本社を置く生田産機工業株式会社（IKUTA，以下では「生田産機工業」と略す）を何回も訪問し，3代目社長の生田泰宏氏にインタビュー調査を行ってきた。本章において，生田産機

工業の事例を取り上げて，この家族企業の経営のなかで行われている事業承
継のやり方と持続的経営の特徴を考察したい。

2. 生田産機工業の創業と戦後の再建

　生田産機工業は，1919年に京都の日本酒名産地である伏見区で現在の3
代目代表取締役社長である生田泰宏の祖父生田捨吉（1901～1974年）に
よって創立された。現在，生田産機工業の資本金は2,000万円であり，本拠
地の従業員数は80人。主に銅と銅合金などの金属生産設備及び各種産業の
自動化機械の設計製造と販売に従事し，主力製品の両面々切削ラインを含
み，CNCカッター研削盤，超硬ミーリングカッターなど，中でも両面々切
削ラインの世界マーケットでの主要顧客による業績は国内，東アジア圏でほ
ぼ100％と広い市場シェアを占有している。中小企業であるにもかかわらず，
高い志により，早くも1970年代から世界に目を向けグローバルで戦略構造
を展開した。今後発展のカギとなる市場の将来性を考え，「世界の工場」と
呼ばれる中国に2002年に進出し，後に中国江蘇省の蘇州市に「生田（蘇州）
精密機械有限公司」，「蘇州伊庫達貿易有限公司」と「生和（蘇州）技研有限
公司」を設立した。さらには長年にわたり創りあげた強力な製品と技術力を
もって，2015年10月にはトルコの首都イスタンブルで「IKUTA MAKINE
A.S.」を設立し，ドイツを中心とする伝統的な機械製造業の巨大マーケット
であるヨーロッパ市場へ大々的に進出した。
　生田産機工業の3代目社長である生田泰宏氏は1961年に生田家の4人兄
弟の長男として京都で生まれ，現在は58歳である。日本の大学を卒業した
後，アメリカのテキサス州のセントトーマス大学での留学を経験し，経営学
科を専攻した。その後アメリカから帰国し，はじめに同じ製造企業である京
都の老舗企業株式会社イシダに入社した。1989年，さまざまな実践経験を

積んだ生田泰宏は家業へ戻り正式に生田産機工業に入社し，10年後の1999年に社長へ就任した。生田産機工業のグローバルにおける戦略的布石は，生田泰宏の冷静な戦略思考，高い志とモチベーションによって実現されたのである。

インタビュー調査によれば，1901年，生田捨吉は生田家7人の兄弟の長男として福井県東郷の農家で生まれた。家計を支えるため，小学校を卒業すると同時に，単身で故郷を離れて京都の機械加工製造会社に丁稚として働き始めた。10年近くの努力をつうじて，機械加工のさまざまな技術を身につけた。そして節約をつうじて一部の資金も貯めた。1919年，19歳の生田捨吉は京都の伏見市で「生田鉄工所」という小さな町工場を設立し，酒造企業向けの機械製造，修理と保全維持などを主要業務とした。それが生田産機工業の始まりであった。京都伏見は日本酒の著名な産地であり，当時，大小企業を含め1,000社を超える日本酒蔵があった。日本酒製造には機械設備の製造，修理と保全維持などが不可欠であったため，生田捨吉は丁稚奉公時代に身につけた機械製造技術を生かし，各日本酒蔵を出入りした。数年が経ち，1920年代の半ばに入ると生田鉄工所の経営が安定し，生田捨吉は一家を福井から京都に呼び寄せ，家族の生活を安定させた。

しかし周知のように，1930年代に入ると日本は軍国政治により戦争への道に突入した。これにより中国を含め，アジアの国々に災難をもたらしただけでなく，日本国内の国民の生活にも大きな打撃を与え，苦しめていたことは言うまでもない。全面戦争が始まると，日本政府はすべての戦略物資となるものに対して厳格な戦時統制を行った。生田鉄工所もこれを免れることがなく，1935年に日本政府の強要を受け会社組織を改組し，会社名も「京阪機工株式会社」へ変更され，主要業務も軍隊向けの軍需油送ポンプの製造へと変更されたのである。

我が子のような会社が軍治統制されたのだから，生田捨吉の不満は少なく

【図表3-1】生田産機工業創業者生田捨吉（右4）と生田家一族

なかったが，理不尽な政府の統制下ではどうすることもできず，ただ黙々と
耐え，内心では絶えずにこの戦争が早く終るよう祈っていた。やがて10年
後の1945年，日本政府は無条件降伏を受け入れ，第二次世界大戦が終わっ
た。終戦に伴い京阪機工株式会社も解散が宣告されるに至った。10年の苦
しい忍耐の末，生田捨吉は会社の所有権を取り戻し，企業名も以前の生田鉄
工所へ戻した。

　戦後混乱期の苦境を乗り越えるため，生田捨吉とその長男・生田宗宏
（1930〜1999年，生田産機工業2代目代表取締役），そして社員たちととも
に新しい事業へ方向転換を狙い，さまざまな努力と試みを行った。1950年，
生田捨吉は伸銅機械の技師であった寺田正春（後に生田産機工業の会長）と
知遇を得て，生田鉄工所は伸銅設備機械の製造に着手し，さらに同年，銅水
洗粉砕選別機を開発し，実用新案特許も取得した。社員との努力により，

1953年生田鉄工所は町工場から現代的企業へ脱皮でき，事業転換に成功した。会社名も正式に「生田産機工業株式会社」へと改名し，生田捨吉は新しい会社の初代社長に就任した。生田捨吉と生田宗宏のリーダーシップのもとで，危機を乗り越え，新しい姿に転換した生田産機工業は，長年を渡って蓄積した機械製造に関する豊富な経験を生かし，絶えず努力を重ねることにより，着々と新製品と新技術の研究開発を進めていた。1995年，生田産機工業は日本初の黄銅板面削装置の開発に成功し，日本の伸銅製品加工製造業に飛躍的な品質向上に大きな貢献を成し遂げた。1960年，生田産機工業は黄銅棒電流焼鈍矯正機の開発に成功し，実用新案特許を取得した。さらに1970年，生田産機工業は両面々切削装置を開発し，大々的に面削装置の効率を上げ，伸銅条板の生産の歩留まり率を上げることに成功した。

　1974年，生田鉄鋼所とその後の生田産機工業に生涯を注いだ創業者生田捨吉が病気により逝去した。享年75歳であった。初代社長の生田捨吉の逝去後，長男の生田宗宏が父の跡を継ぎ，生田産機工業の2代目社長となった。

3. 突如やってきた事業承継

　生田産機工業2代目社長の生田宗宏は，現社長の生田泰宏の父親であり，第二次世界大戦前の1930年に京都で生まれた。前記で述べたように，1935年，生田宗宏が6歳のとき，日本政府は生田家が経営していた生田鉄工所を強制的に統制した。生田宗宏は戦時中の混乱と不安とともに幼少期の日々を送っていた。

　終戦後，生田鉄工所を建て直し，家族を支えるために，15歳の生田宗宏は中学校を卒業した後に家業へ入り，生田鉄工所で父親の生田捨吉と一緒に働くことにした。1974年，生田宗宏は2代目社長に就任してから，先代の生田捨吉と同様にイノベーションを積極的に取り込んだ。1978年，生田産

機工業は両面々切削装置と自動溶接装置の韓国への輸出に成功し，海外市場進出への第一歩を踏み出した。その後，生田宗宏のリーダーシップのもとで，生田産機工業は優れた機械製品をもって香港，台湾，イランなど海外市場へ次々と進出し，1990年代にはドイツの主力伸銅会社にも面削装置を納入でき，ヨーロッパ市場でもデビューした。1985年，生田産機工業は1,500mmの大型両面々切削装置の開発に成功し，切削の作業効率を大幅に上げた。さらに，1991年，生田産機工業はアルカリ脱脂洗浄ラインを開発し，1995年にもWindowsNTをベースとしたCNCカッター研削盤の開発に成功した。

　社員数では100人に達しない少人数の中小企業ではあるが，生田産機工業のイノベーション力と技術力は人を驚かせるものである。これに対し，筆者のインタビューで，3代目社長の生田泰宏は以下のように述べている。

　「父は中学校しか出ていなかったが，15歳から祖父と一緒に工場で働いたこと，とくにあの第二次世界大戦の苦難の生活を送ったことで，柔軟に知恵を搾り出しながら方法を考えつくし，危機的局面を克服しました。このプロセスの中から父はイノベーションの重要性を学んだと言えるでしょう。これは父だけでなく，今の会社も同じで，弊社のほとんどの従業員はモノづくりが好きな産業機械の設計製造エンジニアであり，弊社の規模は確かに小さいが，職人魂を持った塊であるとも言えます。…（中略）…父の弟である私の叔父さんは卓越した機械設計のエンジニアであり，職人でした。叔父さんは父より4つ年下で，生まれていた時に確かに家業は厳しい環境でしたが，祖父の勧めで大学まで進学し工学科で機械設計を学ぶことができました。このようにして，卒業後はすぐに家業に入り，技術面と製品研究開発の仕事を叔父さんが担当していました…（中略）…もちろん，当時ほかの職人も，学歴で言うと低いかもしれませんが，父とともに歩み，さらには祖父の世代から

ともに歩んできたのだから，実践経験上では彼らも一流の職人でした。」

　生田泰宏の話の通り，現在の生田産機工業の現場には，かつて1代目と2代目社長とともに働いてきた職人がいまだに健在である。一番年配の方は75歳を超えるという高齢ではあるが，依然として製造の第一線で活躍し，主な仕事はOJTをつうじての弟子の育成であり，生涯心血を注いで身につけた経験や技術のすべてを次世代に教え込んでいる。

　ところが生田産機工業の創業80周年となる1999年の6月4日，生田産機工業の2代目社長生田宗宏は急病により突然逝去した。享年69歳であった。身体はいつも健康であった2代目社長の突然の逝去により，生田家と生田産機工業は計り知れない空前の衝撃を受けた。しかし家には大黒柱が必要であり，会社には社長がいなければならない。会社をなるべく早く正常な運営に戻すために，2代目社長生田宗宏の長男である生田泰宏は父親を失った苦痛を伴いながらも，生田産機工業の3代目社長に就任した。まさに突如やってきた事業承継であった。

　しかしそのとき，生田泰宏は確かに会社の3代目社長に就任したのだが，2代目から3代目への受け継ぎは完璧にできたとは言えなかった。なぜなら，亡き2代目社長生田宗宏の弟である生田泰宏の叔父は，生田産機工業の株を相当数所有していたからであった。

　「叔父さんは当時，会社を退職していましたが，この問題は解決されない限り，会社の事業承継ができたとは言えなかったのです。けれど自分から言い出すことはなかなかできませんでした。」

と，生田泰宏は当時の心境を筆者に語った。最終的にこの問題を解決したのは，生田泰宏の母親であった。

　「母は事理明白の人でした。今でもはっきりと覚えていますが，父が亡くなった6か月余り後の1999年の12月30日の夜，もうすぐお正月でした。母は小切手をカバンに入れて用意し，私を連れて叔父さんの自宅へ向かいました。あいさつを終えるとすぐに，母は単刀直入に話を持ち出しました。亡くなった前社長に免じて所持しているすべての株を私に引き渡すようにと懇願してくれました。おそらく叔父さんも亡くなった父のことを想っていたのでしょう。あまり躊躇せず，すぐに母の要求を受け入れて，書類に印鑑を押してくれました…」

　ところが，筆者に上記の話をしたところ，2015年に癌の病魔にも勝った彼は涙をこらえ切れなかった。生田泰宏の母親は息子の株の課題を年内に解決して10日を経た，明くる年の2000年1月10日に脳内出血のため急逝したのである。落ち着きを取り戻すと，生田泰宏は筆者に対して母親についてこう述べた。

　「母は本当にすごい人でした。彼女は多くの苦労を経験しました。私たち従業員も含め全員の面倒をみながら，工場で働く父の手伝いもしていました。さらには亡くなる直前まで私のために事業承継の難題も解決してくれました。命の最後までに使命を果たし続けていました。」

4. 3代目現社長のイノベーション経営⑴

　前述した通り，生田産機工業の3代目現社長の生田泰宏はアメリカ留学か

（1）イノベーションとは，経済活動のなかで生産手段や資源，労働力などをそれまでとは異なる仕方で新結合することであると，オーストリア出身の経済学者であるシュンペーターによって定義された。日本では1958年の『経済白書』において「技

ら帰国後，いったん京都の株式会社イシダに入社して働き経験をある程度積んでから1989年に家業に入り生田産機工業に入社した。1999年，父の急逝で準備も整っていない中で，慌しく家業を継ぎ，3代目社長となった。そして，受け継いた当時は決して順調ではなかった。

「父の突然の他界からの衝撃はもちろん大変でしたが，もっと事業承継が大変だと感じたのは，会社の従業員が心から私を信じていないことでした。これによって従業員の心もばらばらで，みんな不安を抱えていました。よく考えてみると信じてくれないことは，簡単に理解できます。38歳で決して若いとは言えませんでしたが，1989年に会社に入社して，10年しか社内経験していなくて，それに加えて特別な能力が持っているわけでもなく，それまでに会社の成長に大きな貢献をしたわけでもなかった。このような人がいきなり社長になったのですから，誰も信用しないのはむしろ当たり前ですね。それからもう1つ，実際に当時，会社の経営は悪かったです。私が社長になった初年度に1億を超える赤字も出していました。『富は三代を続かず』という言い方があるように，3代目である私のプレッシャーは本当に大きいものでした。」

社内の散乱した心と向き合いながら，帳簿上の巨額の赤字とも向き合い，生田泰宏は当時の状況を分析し，死ぬ覚悟でイノベーション経営を決心したという。

術革新」と翻訳紹介され，これまで定着してきたが，近年，「技術」に限定しすぎたという批判が強まり，2007年の『経済白書』においては，シュンペーターの定義に立ち返り，イノベーションを「新しいビジネスモデルの開拓なども含む一般的な概念」としている。イノベーション経営とは，シュンペーターが定義したイノベーションの創出のための戦略的マネジメントである。

「会社はいろんな面で変えていかなければなりませんでした。自らイノベーション経営を進んでいかなくては本当に倒産してしまうという状況でした。ところがイノベーションにはリスクが大きいですから失敗してしまうと家業はすぐに傾いでしまいますから『自殺』のようなものになってしまいます。3代目が家業をダメにするとよく言われていますが，私はちょうど生田産機工業の3代目です。失敗を恐れて何もしないのでは自死してしまうと考え，腹をくくりました。何もしないで負けるより会社の技術力や社員の力を信じて勝負にでる。」

　このような心構えで，生田泰宏はイノベーション経営に乗り出したのである。
　生田泰宏のイノベーション経営には主に2つの内容があった。
　1つは新しい製品と技術のイノベーションであった。この内容について生田泰宏はこう語る。

「例えば弊社の主力製品の両面々切削装置について，この装置を利用するときには本体とカッター，そして研削盤とこの3つが揃えていなければなりません。しかし当時弊社はカッターの製造しかできませんでした。ですから私たちはいつもまず不二越社や三菱マテリアル社などの大手企業からカッターを購入して我々の装置本体にセッティングしてから，お客さんに納品していました。実際，装置本体は長く使用できますが，カッターは利用頻度に応じて定期的に手入れや新しいものの付け替えが必要です。つまり，プリンターとインクのようなものです。装置本体は品質が良いですのでなかなか壊れたり新しいものに入れ替えたりしないですから弊社に入ってくる利益は限定的なものですが，カッターは常に交換したり手入れたりする必要がありますので，利益は継続的に入ってくるものですからかなり大きいです。しかしお客

47

さんは最初，弊社からセットで両面々切削装置とカッターを購入されますが，消耗品であるカッターが他社の製品であることを知ってしまうと，次から絶対，弊社を通らず直接にカッターの製造できる大手メーカーからカッターを購入するようになってしまいます。私はいつもこの問題に疑問を持ち続け，三菱マテリアル社などの大手企業を訪問して交渉しようとよく奔走していましたが，相手すらされませんでした。本当に計り知れないほどの喧嘩をしてきました。でもやはり自分たちは生産できないですから，セットで製品を納品するのであれば自分たちも彼らの大手企業に依存してしまってしました。ですから弊社にとっては，カッターを自社製にするしかありませんでした。」

ところが，「1年間をかけて大手にも負けないカッターの開発を遂行しよう！」と生田泰宏は社長命令を発表すると，社員たちの反応は冷ややかなものであった。先代社長の急逝と若き後継者の社長就任によって，社内の心は依然として散乱していたのである。

「最初は本当に困っていました。製品開発に関する考えをいくら説明しても皆さんは黙って聞いているだけでした。無反応でした。『3代目が暴走し始めたぞ！』という声もちらっと聞きました。どうすれば良いのか，打つ手がなくて本当に困っていました。」

では，この難題をどのように攻略したのか。筆者の疑問に生田泰宏はこう話した。

「私の話に耳を傾けてくれる人はほとんどいませんでした。正直，当時（会社の：筆者注）居心地は最悪でした。このままだと会社は危ない。どうすれば良いかなと悩んでいるうちに，戦術を変えようと思いました。第2人が会

【図表3-2】会社の創業精神の前に立つ3代目社長の生田泰宏氏
1999年父の突然の逝去により，生田泰宏は準備の整っていない中で急遽後継ぎをし，生田産機工業の3代目社長となった。社長を引き継いだ泰宏は，死ぬ覚悟で臨むと決心した。

　社で技術者として働いていますので，まず弟の理解をもらおうと，時間を作って弟たちに私の考えと苦悩を話しました。最終的に弟たちは理解してくれて，役員会で承認を得てカッターの自社開発製造に舵を切ることになりました。彼らの懸命な説得と後押しにより，社員たちは次第にカッターの開発に取り組んでくれるようになりました。本当に良かったです。」

　努力は裏切らない。結局は予定よりやや長い1年以上の時間がかかったが，社員の懸命な努力により，生田産機工業は独自技術のカッター開発に成功したのである。
　自社製の両面々切削装置に自社製のカッターを組み合わせたことにより面削技術で重要な表面品質要素となる装置本体，カッター，研削盤の3つの主要テクノロジーを独自技術で実現でき，生田産機工業の両面々切削装置はさ

らに高い技術力評価を得る製品群となった。さらに，カッター事業が会社に
もたらしたシナジー効果と利益が次第に現れてきた。こうして生田泰宏は初
戦で白星を飾った。会社の経営状況も好転し始め，生田産機工業の従業員の
生田泰宏新社長に対する態度も変わり始め，「なかなかやる」と認めるよう
になった。

　しかし，初戦白星の生田泰宏は，現状に満足せず，イノベーションの足を
止めることはなかった。彼は勢いに乗り，すぐにもイノベーション経営の2
つ目の内容，つまり生田産機工業のグローバル化へ踏み切ったのである。前
述した通り，生田泰宏は日本国内の大学を卒業した後，アメリカへ渡航しテ
キサス州のセントトーマス大学で留学を経験した。この海外経験は彼のグ
ローバル視野を形成させたのである。これまで，生田泰宏は働きながら日本
の国内市場と海外市場の状況を把握しつつ，生田産機工業のグローバルでの
戦略的布石をずっと考えてきたのである。

　具体的に，生田泰宏が踏み出したグローバル化戦略の最初の一手は「世界
の工場である中国へ進出しよう」という社長ビジョンであった。ところが新
社長に対してようやくほんの少しの好感をもつようになった従業員からすれ
ば，この「無知愚昧」な社長ビジョンは「第2の暴走だ」と，またも彼らを
仰天させていたのである。社員たちが中国進出に対して反対する理由は3つ
あった。1つはリスクである。確かに中国は1978年から改革開放政策を打
ち出し，かつての計画経済体制を打破しながら，自由競争の市場メカニズム
を導入してきており，2001年にもWTOに加盟した。しかし市場の競争環
境はまだまだ整っておらず，多くの法律や政策も整備されていなかった。こ
のようなリスクの高く，不確定要素の多い中国市場で，トヨタやパナソニッ
クなどのような巨大企業でさえ，きわめて慎重に中国進出を行っている。2
つは競争の激しさである。中国市場は確かに規模が大きく，成長スピードも
速く，これからの成長性も巨大だと言えるが，世界諸国のほとんどの列強大

手企業はこの巨大市場に進出しており，競争の熾烈さも予想をはるかに超えるほどである。それまでこの巨大市場を狙って，多くの日本企業も中国に進出してきたが，熾烈な市場競争に負けてしまい，毎年中国から撤退する企業，その数も少なくない。3つは生田産機工業の現実である。確かに新社長生田泰宏のリーダーシップのもとで，生田産機工業は両面々切削装置のカッター事業をうまく遂行できたが，100人未満の町工場のような無名の中小企業であることには変わりがない。それまで日本から多くの中小企業が中国進出に乗り出していたが，中国現地でうまく展開できている企業はごくわずかで，大失敗して元も子も失うという前車の轍は数多くあった。このような厳しい現実のなかで，中国進出は生田産機工業にとってかなり無謀だと，社員たちは社長の暴走に対して猛烈に反対し，阻止しようとした。

　しかし生田産機工業のグローバル布石を熟考した生田泰宏は今回も譲らず，全社員に対して懸命に自分の考えを説明し続けた。

　「反対の声は本当に強かったです。とくに会社で長く勤めてきた方々から猛反発を受けていました。彼らの気持ちは理解できますよ。長年一緒にやってきた生田産機工業の運命と関わることですから。でもそれで私が負けるわけにもいけませんでしたので説得し続けていました。『これまでの新製品開発にもみんなで努力した結果，成功したのではないか。中国市場を調べてきた。我々の製品と技術には自信を持っている』，『今回の中国進出も無謀だと言われているが，日本の市場は限られていて必ず飽和してくる。今我々は競合他社に比べて少し優位性を持っているかもしれないが，すぐにも追い越されるわけだからこのままだと我々は競争力を失う。そのときになってから危機を対応しようとしても手遅れになる。中国市場を開拓し，機先を制したい。リスクはあって当然。ましてやリスクが大きいからこそ，チャンスがあるのではないか』と。」

51

このように，繰り返して説得していく中，ある日会社の経営会議でようやく1人の最古参の役員が立ち上がり，発言したという。

　「『わかった。ここまで言うなら，支持しよう。これまではあなたのお祖父さんとお父さんから多くの面倒をみてもらい，第二の親だと思っている。その恩がある。だから生田家には本当に感謝している。どうしても中国進出をやりたいのであれば，社長の決定に従うが，条件が1つある。それは私が中国に行くことだ。中国の会社が足元を固めるまで見届けてやりたい。』この話を聞いて本当に感動しました。彼は会社の一番年上者であり前社長の右腕として勤続45年。全社員に尊敬されていましたよ。それまでは体を張って中国進出を阻止してやると，反発は一番強かったのですが，その発言で会社の風向きは徹底的に変わったのです。本当に助かりました。」

　と，生田泰宏は当時の様子を語った。年長者の熱い言葉は社内の散乱した心をひとつにした。それから，生田泰宏の強力なリーダーシップのもとで，生田産機工業の全社員が力を合わせ，熾烈な競争が繰り広げられている中国市場に攻略し始めた。2001年に生田三機工業は上海営業所を設けた後，2002年に中国蘇州に単独出資子会社「生田（蘇州）精密機械有限公司」，2003年にも昆山に「昆山生田貿易有限公司」（現「苏州伊库达贸易有限公司」）を設立した。同時に，生田産機工業の主力機械製品も中国市場で着々と展開していき，現地を任された社長，社員の苦労は並大抵ではなかったが，全社員の一心団結と努力によって，生田産機工業は中国市場で足元を固めることができたのである。中国進出の成功はさらに社員たちの自信を高め，生田泰宏のグローバル的な布石は着々と進められてきた。前述した通り，2015年10月にはイスタンブールで「IKUTA MAKINE A.S.」を設立し，ヨーロッパ市場に対しても進出し始めたのである。

　また，中国進出をつうじて，生田泰宏は中国市場の特徴を学習し，中国の
人々のニーズの多様性や中国人の日本製品に対する関心の高さ，および中国
人企業経営者が日本的経営を学びたいという熱心さを肌で感じた。「何かこ
れらのニーズに応えることができないか」と熟考した上，2009年に新しい
会社「株式会社京ウインド」を生田産機工業の子会社として設立した。

　「京ウインドは，京都という古い日本の都から吹いてくる優雅な風というイ
メージがありますから，事業内容としてはまず日本製，とくに京都の職人た
ちが作った高級な品物を中国の富裕層へ提供していくという貿易業務があり
ます。そして日本的経営や日本の事業に関する考え方，文化などを世界へ新
しい風のように発信し，諸外国の人々とコミュニケーションを推進し，相互
理解を進めていくために，諸外国から経営者視察ツアーの受け入れや交流プ
ログラムの企画と実施などの業務もあります。今は主に日本と中国との間で
事業活動を行っておりますが。」

と，生田泰宏は子会社京ウインドについて説明する。実際にも現在，生田産
機工業グループの中国事業，トルコ事業，そして京ウインド事業も国内外に
かかわらず優秀な社員が主体的に運営できるように任されているのである。
　社長就任当初，強いリーダーシップで会社を引っ張ってきた生田泰宏は生
田産機工業の諸事業とも順調に成長している現在，事業に対する考え方にも
変化が生じたという。「事業は社長がやりたいからやるのではなく，社員が
やりたいから社長はその実現を支援する。」と生田泰宏は言う。つまりこれ
まで，生田泰宏は強いリーダーシップをもって自身の夢を全社員の夢へと無
事に化し，最前線に立ち全社員を引っ張り，イノベーション経営にやや消極
的な社員たちに成功を体験させた。成功体験で士気の高められた社員たちが
積極的に動いてくれてきた現在，生田泰宏は自分の立場を変え，全社員の背

後に立ち，強力なバックアップをもって社員たちに対して強い支援をするようにしたのである。社員たちの高いモチベーションを維持するための戦略的な調整である。また，「疑人用いず，用人疑わず」のように，生田泰宏は社員たちを信用してその適性と可能性を最大限に引き出そうとしている。実際に現在，生田産機工業の中国事業も，京ウインド事業も，優秀な中国人スタッフによる経営管理に完全に任せているのである。

　「子曰く：知者は惑わず勇者は懼れず」。生田産機工業3代目社長の生田泰宏はまさに知勇兼備の賢者である。彼のグローバル的な戦略的思考，成功するまで諦めようとしない職人のDNA，そして生田家で受け継がれている大胆なチャレンジ精神とイノベーション経営力，この3つをもって，生田泰宏は20年にも満たない短い時間で，生田産機工業という小さな町工場を，世界の舞台で活躍するグローバル企業へ成長させたのだ。

5. 後継者教育：生田家の事業承継における最重要要素

　筆者との会話のなか，生田泰宏は何度も「モラロジー研究所」と「日本道経会」に言及した。この2つの組織はどのようなものか。

　「モラロジー研究所」の英語名称は「The Institute of Moralogy」であり，千葉県柏市に位置する公益財団法人である。1926年，著名な法学者であり歴史学者でもある廣池千九郎（1866〜1938）により提唱され，倫理道徳の研究と，これに基づく社会教育を推進するという目的で創立された。日本の「道徳教育」の提唱と普及をつうじて，「日本人魂の再生」を実現しようとするものであるという。現在，「モラロジー研究所」は日本各地で計12の地方支部を有しており，生田産機工業が加入したのは，京都市上京区に位置する「モラロジー研究所京都支部」である。「日本道経会」は「モラロジー研究所」の関連機関であり，「モラロジー研究所」とともに道徳教育を普及する

ほか，会員企業に対して経営や管理などの諸方面で専門指導と支援サービス
を提供しており，生田産機工業もその会員企業である。では，生田産機工業
はどのようにして，この2つの組織と出会い，加入したのか。生田家と生田
産機工業から言えば，この2つの組織の存在はどのような意味があるのか。

　「確かに第二次世界大戦の終戦後，祖父の生田捨吉は，同じく企業経営者の
友人を介してモラロジー研究所という組織を知りました。話によると，その
友人に誘われて一度モラロジー研究所の公開講座を聞きに行ったそうです。
当時の講座内容とは，自分自身の道徳育成を重視するのだけでなく，身近の
人，そして子供たちに対しても道徳教育を重視すべきだといった内容だった
ようで，祖父は感銘を受けたそうです。当時は終戦したばかりですから，ア
メリカが率いる連合国軍の占領と統治のもと，日本社会には次第に大きな変
化が現れていました。とくに人々の考え方と価値観，西洋文化から多大な衝
撃を受けていたのです。祖父は典型的な伝統を受け継いだ日本人ですから，
すぐさまモラロジー研究所の虜となっていました。道徳教育と道徳科学をさ
らに深く学ぶために，モラロジー研究所に加入し，時間の許す限り公開講座
に足を運んで熱心に勉強し，時々父をも連れて参加していたようです。そし
て父も後には伏見区モラロジー事務所の責任者となり，生田家の家訓のよう
に代々モラロジーに基づく累代教育をしていくようになりました。今，私は
日本道経会の担当理事として，そして京都支部の代表幹事として，京都支部
会の経営講座の運営を行っています。」

　長い引用となったが，上記した生田泰宏の話から，モラロジー研究所と日
本道経会は生田家の事業承継において重要な意味を持ち，とりわけ生田家の
後継者教育に大きな役割を果たしていることがわかる。
　まず，モラロジー研究所と日本道経会は基本的に生田家の親子三代がとも

に参加する社会的組織である。実際に生田家にとって，これは世代間の経営思想と経営理念を効果的に統合する重要な意味をもっている。そして世代間のコミュニケーションを促進する橋渡しの役割も果たしていると言えよう。

　次に，モラロジー研究所と日本道経会の支部活動には現地の多くの企業が積極的に参加しており，会員企業の経営者たちと後継者たちは直接的に，あるいは間接的に教育し，監督できる作用をもたらしている。モラロジー研究所と日本道経会はそもそもセミナーや公開講座などをつうじて道徳教育を行っているため，無論社会教育の効果がある。実際に2つの組織の内部では，一般部門と青年部門に分かれているため，青年企業家または若い後継者らが互いに比較的に自由に切磋琢磨し，また互いに理解し合いながら経営実践の交流もでき，仲間同士の共同成長を促す効果もある。それと同時に，親世代の先輩経営者たちも2つの組織に加入し，活動に参与しており，若い世代の経営者や後継者たちへの指導・監督という作用も果たしている。若い世代の経営者や後継者たちがしっかりしていなければ，先輩経営者からはもちろん直接的・間接的に指摘・指導されることはあるが，それは結局，同じくこの組織にいる自分の先代の「顔に泥を塗る」ことになるため，若い世代の経営者や後継者たちも積極的に勉強し，成長しなければならないというプレッシャー効果ももたらしている。

　またインタビュー調査をつうじて生田家の後継者教育に関してもう1つ重要なことがわかった。それは日常生活のなかの小さなことを利用して後継者教育を積極的に行っていたことである。現3代目社長の生田泰宏は中学卒業後，故郷を離れて，モラロジー研究所が運営する全寮制の麗澤高校へ進学し，さらに大学卒業後はアメリカ留学も経験していたため，常に父親のそばにいなかった。しかし2代目社長の生田宗宏はいつも日常生活のなかで起きた小さなことをとおして「事によせて自分の意思を述べる」といった教育を生田泰宏に対して行っていた。たとえば，インタビュー調査のなか，生田泰

【図表3-3】 新しい工場の建物が竣工したときの生田産機工業社員及び社員家族の集合写真

宏は筆者に，以前2代目社長が彼に一通の手紙を寄こしたことを紹介した。

　「中学校卒業後，一人で京都を離れ関東の千葉県にある全寮制の高校に入学しました。そして入学して間もない頃，父からもらった入学祝いの腕時計を失くしてしまいました。当時は絶対に同じ部屋のあの人が私の腕時計を盗んだと疑い，腹が立って両親にも学校の先生にも自分の考えを伝えました。もちろん証拠はなかったのですが。それからしばらく経って，父から一通の手紙が届きました。手紙の中で父は，『腕時計を失くしたのは，まずは自分の管理過失によるものだ。学校の寮で集団生活を送るのだから，自分の物をしっかり管理することは最も基本的なことなのに，それができていない。もし本当にその誰かが腕時計を盗んだとしても，それは自分の物をしっかり管理できていないから，このせいで，その人に罪をつくらせたことになる。もし自

分は物をきちんと管理できていれば，彼の人生にはそのような汚点を残さなかったのであろう。だから他人を責める前に，まず自己反省をしなければならない。自分がすべて正しく，他人がすべて悪いと思うのならば，必ず心の狭い人になってしまう…』と書いていました。それを読んで，本当に恥ずかしかった。そして本当に良いことを話してくれました。会社のマネジメントも実に同じです。社員が誤りや失敗をする，その理由，ほとんどは会社の制度に不備があるということですから。40年前に書かれたこの手紙は今でも大事な色褪せない宝物です。」

6. 結びにかえて：生田家に代々伝わる創業精神と送恩経営

　生田産機工業の社長室の壁に飾っている創業精神を表す言葉があり，「天命に従い人事を尽くす」である。中国の清の時代，著名な小説家李汝珍の著作『鏡花縁』のなかに，「尽人事，聴天命」という言葉があり，つまり「人事を尽くし天命に従う」である。このなかの「人事」は人情道理を意味し，「天命」は自然法則を指す。全体的な意味としては「人間としてできる限りのことをして，あとは静かに天命に任せる」とし，要するに「森羅万象には変化が多く，予測することは難しい。人間は精一杯で自分のやれることを成し遂げたとしても成功できるかどうかはわからない。天命に従わなければならない」である。ところが生田産機工業の創業精神は「天命に従い人事を尽くす」と，李汝珍の言葉とは似ているが，前後は逆となっている。この順番にはどのような意味があるのか。生田泰宏はこう語る。

　「よく『この言葉が逆になっているのではないか』と聞かれています。なぜうちでは『人事を尽くし天命に従う』ではなく，『天命に従い人事を尽くす』だかと言いますと，私はこう理解している。まず『天命に従う』について，

万象にはそれぞれ存在している意味があり，個々の人はそれぞれの個性がありまして全く同じような2人は存在しませんから，天が与えてくれた使命も異なります。一人ひとりはそれぞれ特別の使命を持っていますので，つまり天命ですからそれに従わなければなりません。そして『人事を尽くす』について，先ほど説明したように，天は知らず知らずのうちに我々一人ひとりの個人に専用の使命を与えてくれたのですから，自分だけに与えられたこの使命に全力で取り込んでいかなければなりません。ですから先に『天命に従い』，そして『人事を尽くす』という順番になります。」

　「『天命に従い人事を尽くす』，これは我が生田家の家族理念でもあります。この掛け軸は祖父が社長の時からありました。祖父はこの言葉が非常に好きだったようで，いつも自分の部屋に飾っていました。それから父も同じくこの言葉を大切にしていて，この掛け軸を大事に飾っていました。…（中略）…私個人にとって言えば，長男として生田家に生まれたその瞬間から，私の天命はそのまま決まっていたと思っています。そして現在，生田産機工業の3代目社長として，もうすぐ100周年を迎える生田産機工業に対して私の責任を果たさなければいけません。企業の経営を安定して発展させて，従業員一人ひとりを大切にして，生田産機工業を順調に4代目社長の手に渡して事業承継を無事に成功させることは，天が私に与えた天命だと思います。これは天命ですから，必ず最善を尽くしていかなければならない。それから『送恩経営』もあります。バトンタッチのように，祖父や父からご恩をいただいていますので，このご恩も次世代へ送っていかなければなりません。これが私の代の『天命に従い人事を尽くす』です。」

　上記した言葉からわかるように，生田泰宏が言う「天命」は生田家の後継者として生まれたという重い責任感であり，先代が残してくれた生田産機工業の経営状況が良かろうが悪かろうが，後継者は必ずその天命に素直に従

い，「人事を尽くす」という前向きな姿勢で精一杯で最善を尽くしていくのである。そして「送恩経営」は実に生田産機工業が中国進出の際に，生田泰宏が2代目社長の生田宗宏からのご恩を感じたという。

　「中国進出は言うのは簡単ですが，本当は大変でした。最初中国人スタッフと2人で中国へ営業しに行った時に，ほとんど門前払いでした。転機は中国の広州にある大手国有工場を訪問した時でした。それまでと同様に，会社の人に会って名刺を渡したところ，『うちは結構です』と言われました。少し粘って工場を見学させてくださいと頼んだところ，珍しくOKとしてくれました。それでその工場に入って，たくさんの機械が並んでいる生産現場を見回りました。ところが突然，1台の古い機械が私の目に止まりました。見たことがあるような，懐かしいような。それでその機械の近くに行ってみると，油などでものすごく汚れていましたので工場の人に雑巾をもらってきて一生懸命に磨いたわけです。そうしたらなんと我が社の生田のロゴが現れました。さすがにびっくりして興奮して，『これはうちの機械です』と叫びました。工場の人たちも驚きまして，すぐさまに社長室へ案内してもらえました。その社長に『倒産した香港の企業から中古品として購入した』『壊れないし，加工の精度が高いし，一番使いやすい機械だ』と言われまして，機械購入当時の書類も見せてくれました。父のサインが書類にありました。見た瞬間，本当に涙が出ました。すぐさまにその会社から信頼されて，受注できました。よく考えてみると，本当に父の恩恵を受けたなぁと。先代は品質の素晴らしいものづくりをしていなかったら中国の工場で偶然にうちの機械に出会うこともなかったでしょうし，すぐさまに信用を得て仕事が決まることもなかったと思います。父の企業経営は下手だと思って，父を超えようとして頑張ってきたというその時の私は，やはり父を超えることはないなぁと思ったわけです。『ご恩を受け取った，ありがとう』と心の中で頭を下げました。父が私に

恩を送ったわけですから，私も次世代に恩を送らなければなりません。」

　事業承継の原動力は家族への責任である。ここの「家族」は代々バトンタッチしていく創業家とも意味すれば，大家族主義を貫き，すべての社員を大切にするという経営の姿勢でもあろう。「天命に従い人事を尽くす」は生田産機工業の代々伝わる創業精神であり，「送恩経営」は事業承継における生田産機工業の代々経営者が果たさなければならない責任である。創業家に生まれた後継者は早い時期に自らの天命を気づき，長い目線で企業の成長と発展を考え，自分の天命を果たすためには全身全霊であらゆる努力をする。つまり，代々の経営者は「天命に従い人事を尽くす」という創業精神をしっかり持ちながら，「送恩経営」を意識し，良いものづくりと健全な経営をして家業と従業員の生活を守るという責任をしっかり果たし，先代から受け取った恩恵を何らかの形で次世代へバトンタッチして行くことが生田産機工業の事業承継の形である。

　しかし企業経営は簡単にできることではない。企業は厳しい状況に陥った時に，経営者は巨大なプレッシャーを背負いながら，思い切った経営判断と経営実践，つまり大きなイノベーションを実施していかなければならない。前段で紹介した生田家の3代目生田泰宏社長のイノベーション経営が成功したのは，**「3代目が家業をダメにするとよく言われていますが，私はちょうど生田産機工業の3代目です。失敗を恐れて何もしないのでは自死してしまうと考え，腹をくくりました。」**という覚悟があったからであり，このような覚悟はまさに創業家の後継者だからこそできるものであった。つまり，ファミリービジネスだからこそ，生田産機工業は持続可能な経営を実現できたのである。

謝辞

　本研究は日本学術振興会の科学研究費基盤研究（C）「家族企業の事業承継問題に関する日中台の国際比較研究」（研究代表者：竇少杰，研究期間：2017年度－2020年度）とサントリー文化財団「人文科学，社会科学に関する学際的グループ研究助成」（テーマ：日本の老舗企業の事業承継とその特徴：東アジアの共通性と特殊性；研究代表者：竇少杰，助成期間：2018年8月〜2019年7月）の研究成果の一部である。また本研究の実施にあたって，生田産機工業株式会社の生田泰宏社長様と社員の皆様から多大なご協力を頂いた。生田産機工業株式会社は2019年でちょうど100周年を迎えた。心から感謝と祝福を申し上げる。

【参考文献】

韓国銀行（2008）「日本企業の長寿要因および示唆点」
　　　http://japanese.yonhapnews.co.kr/economy/2008/05/14/0500000000AJP20080514003900882.HTML（2017年8月4日確認）
後藤俊夫（2009）『三代，100年潰れない会社のルール』プレジデント社
帝国データバンク産業調査部（2014）「特別企画—長寿企業の実態調査（2014）—」
　　　帝国データバンク
竇少杰・程良越・河口充勇・桑木小恵子（2014）『百年伝承的秘密—日本京都百年企業的家業伝承—』浙江大学出版社

竇少杰

第4章

中小企業の
社会的経営の実践

──京都市内の「社会的」中小企業を
ケースとして

1. はじめに

　中小企業の経済社会における役割があらためて注目されている。その典型は，2010年に制定された「中小企業憲章」であろう。そこでは次のような記述がある。

　「中小企業は，経済を牽引する力であり，社会の主役である。常に時代の先駆けとして積極果敢に挑戦を続け，多くの難局に遭っても，これを乗り越えてきた。（中略）

　中小企業は経済やくらしを支え，牽引する。創意工夫を凝らし，技術を磨き，雇用の大部分を支え，くらしに潤いを与える。意思決定の素早さや行動力，個性豊かな得意分野や多種多様な可能性を持つ。経営者は，企業家精神に溢れ，自らの才覚で事業を営みながら，家族のみならず従業員を守る責任を果たす。中小企業は，経営者と従業員が一体感を発揮し，一人ひとりの努力が目に見える形で成果に結びつき易い場である。

　中小企業は，社会の主役として地域社会と住民生活に貢献し，伝統技能や文化の継承に重要な機能を果たす。小規模企業の多くは家族経営形態を採り，地域社会の安定をもたらす。（以下，略）」

　中小企業の経済社会における役割は，このように憲章というかたちで示されている。しかしながら，その一方で，その役割は市民から十分に評価されていないと言える。評価されていないからこそ憲章が制定されたと考えた方が妥当であろう。この憲章の文章表現のなかでとくに重要な点は，中小企業の経済的役割だけでなく，それに加えて社会的役割を謳っている点である。

　企業はそもそも社会的公器としての役割を担っており，さらには法人組織であれば，ステークホルダーに配慮した経営が求められる。一般的に，この

ような企業の社会的役割については，CSR（Corporate Social Responsibility：企業の社会的責任）や社会的企業，また最近ではCSV（Creating Shared Value：共有価値の創造）などのアプローチから，学術的実践的にその関心が高まっているところである。しかしながら誤解を恐れずに言えば，その研究対象の多くは大企業である。いいかえれば，中小企業を研究対象としたものは圧倒的に少ないということである。けれども，中小企業の比重が高くあり続けているということは，ひとつには中小企業が経済的役割のみならず，社会的役割を担っているからこそ存立してきたことを示しているとも言えるであろう。

　それにもかかわらず中小企業の社会的な役割については，これまで十分に焦点があてられることはなかったと言っても過言ではない。実際には中小企業のなかには社会とのかかわりをもつ経営，すなわち社会的経営を実践している企業（これを本章では「社会的」中小企業と呼ぶ）も多く存在しているが，そのような経営については焦点がなかなか当てられていない現状がある。中小企業の社会的役割を見いだし，その役割を広く社会に対して発信すると同時に，積極的に評価していくことが重要であろう。

　本章では，ここで「社会的」中小企業と呼ぶ，社会的経営を実践している中小企業を取り上げ，その実践を具体的にみていく。これにより，「社会的」中小企業の経営実践上の特徴を明らかにしていくことにしたい。本章の構成は以下のとおりである[1]。第2節は，中小企業の社会的経営に関連したレビューを行い，本章で言うところの「社会的」側面を示す。第3節は，「社会的」中小企業のケースであり，ここでは4社の中小企業を取り上げる。第4節は，ケースに基づき2つの点を導出する。第5節は，結論である。

---

(1)　本章の執筆分担は，第1節関，第2節木下，第3節関，第4節関・木下，第5節関・木下である。

2. レビュー[2]

　企業の社会的経営に関する主要な研究領域としてあげられるCSR研究は，経営学分野ではすでに1920年代から展開されてきている（森本 1994，pp.5-8）。なお，研究蓄積の観点からみれば，国内外を問わずその圧倒的大多数は大企業を対象としてきたことが明らかとなっている（たとえば，梅津・段 2015，Vázquez-Carrasco and López-Pérez 2013など）。しかしながら小さいことはシンプルであることを意味するものではないし，また，中小企業は大企業のたんなる縮小版でもない（Curran and Blackburn 2001, p.5）。すなわち，両者は量的にだけでなく質的にも異なるのであり，こうした質的相違は両者における社会的経営の実践のあり方としても反映されうる（Spence 1999, p.164）。

　中小企業と大企業における質的相違のうち，もっとも特徴的な相違のひとつとしてあげられるのが企業の所有構造であり，中小企業の特徴として指摘できるのが所有と経営の未分離，すなわちオーナー経営（owner-managed）である（藤野 2012，山縣 2013，Bolton 1971，Jenkins 2004，Spence 1999）。中小企業ではこうした所有構造と保有する経営資源の諸制約とがあいまって，経営者個人の裁量に依拠したインフォーマルなマネジメントに特徴づけられる組織文化を有することが指摘できる。「中小企業ではオーナー経営者が価値観の原動力（driver）であると同時に，その価値観の実践者（implementer）である」（Jenkins 2006, p.250）との指摘は，この点を端的にあらわしていると言えよう。

　こうした中小企業が有する組織文化の特徴が，事業活動だけでなく，社会的経営の典型的な具現化形態のひとつとしてあげられる社会活動にも反映さ

（2）本節は，木下（2018a・2018b）をベースに加筆修正したものである。

れうることは先行研究においても実証的に明らかにされてきた。たとえば，アイルランドの企業13社（中小企業7社，大企業6社）に対してインタビュー調査を実施したSweeney（2007）によれば，大企業では6社全てで社会活動に関する専門部署や専任人員が設置，あるいは配置されていたのに対し，中小企業ではそうした部署の設置や人員を配置している企業は1社もなく，7社全ての中小企業が社会活動を実践していくにあたり，経営者の関心とコミットメントが重要であるという点に強く同意を示していたことが明らかとなっている。すなわち，中小企業においては，社会的経営の実践に果たす経営者の役割はきわめて大きいことがわかる。この点に関しては日本の先行研究においても，社会活動を活発に実践・展開している中小企業では，経営者がリーダーシップを発揮していることが明らかにされている（木下2017，許 2015，古川 2008・2009）。このように中小企業では社会的経営の実践の成否を含め，そのあり方を規定するのは経営者行動であると言えるが，その行動の背景にあるモチベーション要因とはいかなるものだろうか。

　たとえば，英国の貿易産業省から委託を受け，ビジネス・イン・ザ・コミュニティ（Business in the Community）[3] が行った英国中小企業の社会活動の実践に関するコンソーシアム調査研究の結果をもとに，Southwell（2004）は中小企業が社会活動に取り組む背景にあるモチベーション要因として，以下の6点をあげている。すなわち，個人的関心，公正な経営実践，社内（従業員）のモラルやモチベーションの向上，地域社会への恩返し，企業イメージや評判の向上，個人的充足感である。以上からわかるように，中小企業が社会的経営に取り組むモチベーション要因は一様ではない。しかしながらBesser（2012）によれば，上述した6つのモチベーション要因は，

---

(3) Business in the Communityとは，1982年にチャールズ皇太子が総裁となり，設立された英国の登録チャリティ団体であり，より公正で持続可能な社会をつくるために，企業と社会をつなぐ活動を行っている中間支援組織である。

「道徳的義務（Moral obligation）」，「ビジネス上の恩恵（Business benefit）」，「ポジティブな個人的報酬への期待（The expectation of positive personal reward）」の3つに類型化できることが指摘されている（図表4-1）。

【図表4-1】中小企業経営者が社会的経営に取り組むモチベーション要因の類型

モチベーション要因	内容
道徳的義務	公正な経営実践 地域社会への恩返し
ビジネス上の恩恵	社内（従業員）のモラルやモチベーションの向上 企業イメージや評判の向上
ポジティブな個人的報酬への期待	個人的関心 個人的充足感

出所：Besser（2012）およびSouthwell（2004）を参考に作成。

　なお，中小企業の場合，先述した組織文化ゆえ社会活動に関連するスキームについても，企業の経営資源をいかに配分するかといった意思決定が経営者個人の裁量にゆだねられる程度が大きいことが指摘されている（Jenkins 2006, p.242）。また，中小企業においては，経営者のビジネスに関する意思決定と彼ら彼女らの社会活動に関するそれとは不可分だとの指摘もある（たとえば，Dawson et al. 2002，Quinn 1997，Vyakarnam et al. 1997など）。こうした点をふまえれば，中小企業では経営者が事業経営を行う背景にあるモチベーション要因が，彼ら彼女らが社会的経営に取り組む背景にあるそれにあたえる影響は決して小さくないことが推察される。以下では，この点について言及，あるいは検討している研究としてWilson（1980）とSpence and Rutherfoord（2004）の2つを取り上げる。

　中小企業経営者が社会に対する自身の責任をどのように捉えているのかを明らかにするため，180人の米国中小企業のオーナー，あるいは経営者に対して実施されたインタビュー調査結果を分析したWilson（1980）は，中小企業経営者のタイプを「タイプP」と「タイプV」の2つに類型化している。

　まず，ここで言う「タイプP」とは，基本的には利益志向（profit-oriented）の中小企業経営者である。より具体的には，社会的経営にはまったく関心がない，もしくは関心がある場合には，長期的にビジネスを成功させることを目的に社会的経営に取り組んでいるような中小企業経営者が「タイプP」である。次に，「タイプV」とは，適正利益（a reasonable profit）を確保することにくわえ，一般に「社会的責任（social responsibility）」とよばれることに関連する価値観を追求する中小企業経営者である。より具体的には，利益の創出とは異なる価値観をもって社会的経営に取り組んでいる中小企業経営者や，社会的経営に取り組むことにより大きな満足感を引きだしているような中小企業経営者が「タイプV」である。

　なお，Wilson（1980）におけるインタビュー調査の分析では，（1）顧客に対する責任（顧客満足，価格など），（2）従業員に対する責任（賃金，労働条件，雇用機会の創出など），（3）倫理（正直さ，公正さ），（4）地域社会に対する責任（寄付や地域活動への関与，環境への配慮など），（5）利益（最大化，適正，企業存続）といったように，中小企業経営者が捉える社会に対する責任として5つの類型が抽出されている。すなわち，社会に対する責任とひと言では言っても，それぞれの中小企業経営者がどういった内容を自身の社会的責任として捉えているのかはさまざまだということである。しかしながら，インタビュー調査に回答した180人の中小企業経営者のうち，159人（88％）が「タイプV」，残りの21人（12％）が「タイプP」に分類されている。このことからわかるように，大多数の中小企業経営者が，自分たちがなんらかのかたちで社会に対して責任や役割を果たしていくことの必要性を認識していることが指摘できる。また，これと同時に，利益の創出と社会的責任や役割をむすびつけて捉える中小企業経営者は少数派であることも指摘できる。

　中小企業の社会的経営に対する姿勢がいかに規定されているのかを経営者

のモチベーションというよりミクロレベルの視点から明らかにするため，英
国中小企業のオーナー経営者20人に対して実施したインタビュー調査結果を
分析したSpence and Rutherfoord（2004）は，中小企業経営者が事業経営を
行う背景にあるモチベーション要因として，以下の4点を抽出している。第1
は，利益の最大化優先（profit-maximasation priority）である。第2は，生計
優先（subsistence priority）である。第3は，啓発された自己利益（enlight-
ened self-interest）である。第4は，社会優先（social priority）である。これ
ら4つのモチベーション要因が，中小企業経営者の社会活動へのコミットメ
ントの活発性の程度におよぼす影響を描いたのが図表4-2に示したフレーム
である。Spence and Rutherfoord（2004）はこのフレームにもとづき，中小企
業経営者が事業経営を行う背景にある最大のモチベーション要因が，4つのう
ち，どのフレームに属するのかにより社会活動に取り組む動機は異なってく
ること，またそれゆえ，社会活動へのコミットメントをうながすにあたって
とるべき動機づけの方法もかわってくることを指摘している。

　ただし，SpenceとRutherfoord（2004）によれば，以下の2点も明らかと
なっている。ひとつは，4つのフレームのうち，同時に複数のフレームに属
している中小企業経営者が多くみうけられたことである。たとえば，生計優
先を事業経営におけるモチベーション要因として表明している中小企業経営
者が，良い企業倫理を実践することがビジネスにとっても金銭的に良い結果
をもたらすことを認めるといったように，啓発された自己利益も同時にモチ
ベーション要因として表明しているケースが報告されている。このことは，
中小企業経営者の事業経営における優先事項という場合，異なる見解が同時
に存在しうることをわかりやすく実証している。もうひとつは，中小企業経
営者が属する支配的フレーム（事業経営の背景にある最大のモチベーショ
ン）は時間の経過や状況に応じて変化しうることである。たとえば，最初は
金銭的報酬を追求していた中小企業経営者が，兄（弟）が白血病にかかった

図表4-2 中小企業経営者をみるフレーム（利益創出vs社会活動）

視点（事業経営における利益創出のプライオリティ）

		利益最大化志向	利益満足化志向
実践（社会活動への関与）	不活発	**フレーム1** 利益の最大化優先 (Profit-maximisation priority) 利益を最大化することが事業経営における最優先事項	**フレーム2** 生計優先 (Subsistence priority) 企業の長期的生存、経営者らの一定の生活水準の確保が重要事項
	活発	**フレーム3** 啓発された自己利益 (Enlightened self-interest) 社会活動への関与が、長期的には経営者らの利益やビジネスに寄与しうるだろうとの認識	**フレーム4** 社会優先 (Social priority) 社会的な価値観や活動が仕事に統合され、そうした価値観や活動が利益の最大化よりも優先

原典：Spence and Rutherfoord (2004), p.43, Figure 3 およびSpence and Rutherfoord (2004), pp.44-49
出所：木下（2018b），p.204，図1（一部修正）。

ことにより人生にはお金よりも重要なことがあると気づいた，また，金銭的報酬が当初の期待ほどの充足感をもたらさないと気づいたといったように，事業経営のモチベーション要因が利益の最大化優先から社会優先へと変化したケースが報告されている。すなわち，同じ1人の中小企業経営者であっても，彼ら彼女らの事象にたいする認識は多面的かつ可変的であることが指摘できる。

　以上からわかるように，それぞれの中小企業経営者にとって，4つのうちどのフレームが支配的であるのか（事業経営の背景にある最大のモチベーション要因はなにか）を特定することはけっして容易ではない。また，Spence and Rutherfoord（2004）も指摘しているように，中小企業経営者が事業経営を行うのはまったくの金銭的な動機からなのではなく，社会的にも動機づけられる。すなわち，事業経営を行うモチベーション要因と社会的経

営に取り組むそれは相互に影響をあたえながら不可分かつ複合的に形成され，また，随時変化しうるものであることが指摘できる。こうした中小企業における事業経営と社会的経営の背景にあるモチベーション要因の複合性と可変性をふまえると，中小企業における社会的経営の実践と事業経営はいかに関係しているのかということが論点として導出できる。そこで次節以降において，「社会的」中小企業の経営実践上の特徴について検討していく。

3. ケース

　ある特定の地域に立地する中小企業に焦点をあて，当該中小企業の経営者に対してインタビュー調査を実施した。このインタビュー調査は，京都市内（とくに京都市南区）の中小企業の経営実態を明らかにすることを目的に，2017年9月30日に筆者らが中心となって実施したものであり，経営者団体からの紹介を得ながら，業種などを問わず，20社を選定した。インタビュー調査は1回あたり60〜90分の時間を要して実施された。このインタビュー調査はそもそも事業の内容を把握することをおもな目的として行われたが，調査項目については事業紹介を除いてインフォーマル形式で行われた。

　本章で取り上げるのは，この20社のうち本章の目的に沿う特徴がみられた4社である。これら4社は，京都市南区に立地する中小企業である。4社とも法人である。法人としたのは，個人企業よりもその企業がより社会的な性格を帯びると考えたためである⁽⁴⁾。京都市南区に焦点を絞ったのはいくつかの理由があげられる。その理由の1つは，中小企業の地域性／地域密着を

---

(4) もちろん中小企業は法人組織であると言えども，その性格は個人企業に近い側面もある。たとえば法人企業であれば，有限責任を原則とするも，中小法人企業の場合には，代表が個人で法人たる会社の債務保証を担っており，実質的には無限責任である。このようなことから中小法人企業は「疑似株式会社」と呼ばれることがある。

考慮したためである。中小企業と大企業とが異なる要素の1つに，業種にもよるが，地域とのかかわりの活発性があげられる。大企業よりも中小企業のほうがより地域に根ざした経営を志向することが知られており（たとえば，筒井 2013，本多 2013など），立地する地域と経済的かつ社会的なかかわりをより強くもつことが想定される。理由のもう1つは，筆者らと調査協力元である京都中小企業家同友会南支部との関係性から，調査先を紹介していただいた過程があるためである。中小企業の経営者に対して時間の限りのあるなかで，質の高いインタビュー調査を実施するためには，インタビュアーとインタビュイーとの関係，とくに質の高い情報を交換しうる信頼関係が必須となる。筆者らは，インタビュー対象となった経営者との間で共同イベントの企画・運営を行うなど，少なくとも数年の時間をかけた信頼構築に努めてきており，それゆえに質の高いインタビューが可能となっている。しかし本稿では要点のみを取り上げているために，その「厚み」は記述できていないことは否めない。

　A社は，京都市南区上鳥羽に本社をおいている。創業年は1945年であり，従業員数は4名である。工務店向けの家具，建具，オーダーメイド小物の製作・販売をおもな事業としている。同社は，7〜8年前から障がい者が不便さを解消し，楽に日常生活を送ってもらいたいという思いから，バリアフリーの家具の製作に力を入れている。また，障がい者の雇用だけならず，障がい者施設・孤児院から実習者の受入も積極的に行っている。さらに，地域の学校の工場見学の受入やごみ拾い活動にも積極的に参加しているほか，京都産の木材を使うことにより地産地消を促し，地域のために動くことで，結果として輸送費の削減につながり仕入価格を抑えることに成功している。同社は人の役に立つ家具をつくることで，社会に必要とされる企業であり続けたいと考えている。

　B社は，京都市南区上鳥羽に本社をおいている。創業年は1930年であり，

	所在地	創業年	従業員数	事業内容
A社	南区上鳥羽	1945年	4名	工務店向けの家具，建具，オーダーメイド小物の製作・販売
B社	南区上鳥羽	1930年	約700名 （うち女性40名）	タクシー事業
C社	南区吉祥院	1956年	16名	出版印刷，商業印刷，包装印刷，POPなどの販促ツール製作・販促支援など
D社	南区上鳥羽	1989年	4名 （専属作業員が別に10名）	内装工事・リフォームなど

※B社の従業員数は中小企業の範囲を超えているが，資本金額は4,300万円であり，中小企業の範囲[5]にある。

従業員数は約700名（うち女性40名）である。一見大企業並みの従業員規模となっているが，資本金額は4,300万円であり，中小企業の範囲である。タクシー事業をおもな事業としている。同社は，次の2点にみられる特徴的な取組みを行っている。1つは，FF（Foreign Friendly）タクシー事業である。これは，外国人，障がい者，妊婦，大きな荷物をもっている方を対象とした「京都発」の取組みである。この取組みのためにワゴン車を導入して3年目を迎えており（インタビュー当時），認定ドライバーも58名から3年目には188名へと拡大した。もう1つは，託児所の設置である。これは社員の子どもを対象にした事業であり，男性が多い業界におけるギャップでの宣伝効果を期待して2017年7月に始めた。現行の収容可能人数は6名であるが，将来的に地域の子どもを受け入れることも考えている。採用のターゲットに女性や若年層（ねらいは注目されること）を想定しており，これはドライバーの人材不足が背景としてある。

---

(5) 現行の中小企業基本法（1963年制定，2013年改定）では，タクシー事業に該当するサービス業の中小企業の範囲は，従業員（常用雇用者）数100名以下，資本金額5,000万円以下となっている。

　C社は，京都市南区吉祥院に本社をおいている。創業年は1956年であり，従業員数は16名である。出版印刷，商業印刷，包装印刷，POPなどの販促ツール製作・販促支援などをおもな事業としている。同社が，人材確保にあたりこれまで実施してきたのは中途採用のみであった。しかしながら新卒採用を目指すべく，デザインの考察などのインターンシップを大学生を対象に実施した。これは，まずは新卒採用とはどのようなものであるかということに社員に慣れてもらうためである。結果として，同社は2名の大卒の新入社員を採用することに成功した。

　D社は，京都市南区上鳥羽に本社をおいている。創業年は1989年であり，従業員数は4名（専属作業員が別に10名）である。内装工事・リフォームなどをおもな事業としている。同社は，次の2点にみられる特徴的な取組みを行っている。1つは，「てらこや」である。これは，全社員がともに育つための情報共有・交換の場であり，新たな知識・知恵を生み出し身につけることで，社員全員の人間力とスキル向上につなげようというものである。もう1つは，「ひとひとネット」である。これは，地域の人々がつながり，ともに助け合い，みんなが楽しく，喜び，幸せに暮らすことができるネットワークづくりや人から人，大人から子どもへと地域の資源を伝えることができることを目指すべく行っている活動である。①地域工場の見学・体験，②地域の資源を次世代へ継承する，③人生の記録や目標を話し合いながら記録するといった活動を行っている。

4. ディスカッション

　「社会的」中小企業4社のケースから，導出されうる次の2点について検討を深めていくことにしたい。

　1つは，4社に共通していることとして，4社がともに経営理念を重視し

た経営を行っているという点である。経営理念をめぐっては，いくつかの研究が知られている[6]。松田（2003）によれば，経営理念とは「公表された信念・信条そのもの，もしくはそれが組織に根づいて，組織の基づく価値観として明文化されたもの」であるという。久保・広田・宮島（2005）によれば，経営理念の内容は次の2つに分類することができるという。1つは，企業の目的・使命に関するものであり，もう1つは経営のやり方，成員の行動の規範である。これら2つのなかに，多くが，従業員の利益・後世に関する内容や従業員のやる気ややりがいを向上させるような内容を含むという。

　4社の経営理念を示したものが，図表4-4のとおりである。ここから言えることの1つは，各社の経営理念の内容に，自社にとってキーとなる従業員，顧客，地域社会などのステークホルダーに対する社会貢献や社会的責任が包摂されている点である。A社の経営理念は「木をとおした幸せづくり」であるが，ここでの「幸せ」の対象は，「使ってもらう人の幸せ，お客様の幸せ，社員の幸せ，会社の幸せ，社会の幸せ」という5つの幸せを意味している。B社の経営理念のなかには，「お客様」や「働く乗務員」の内容が組み込まれている。C社の経営理念の4つめの項目のなかには，取引先や従業員だけでなく，家族を含めた関係するすべての人たちが幸せになることを目指すとある。最後にD社の経営理念のなかにも，「すべての人が心から喜び・幸せを感じられる」との記述がみられる。

　日本企業はもとより「従業員重視型」の経営であるとも言われており（飛

---

(6) これら以外にも，経営理念が有する機能や企業業績との関連にかかる研究がある。経営理念には企業内部の統合機能と企業外部の適応機能があることが知られている。統合機能とは，危機に直面した際の経営者の意思決定と行動を方向づける組織の指針および組織構成員の動機づけと構成員の一体感を意味する。また，適応機能とは，活動における正当化機能および組織の適合・存続・活性化を期待する環境変化への適合機能を意味する。さらに経営理念は，企業の業績と深い関連があることもまた知られている（飛田 2010，関 2007・2013）。

【図表4-4】中小企業の経営理念

	経営理念	備考
A社	「木をとおした幸せづくり」	「使ってもらう人の幸せ，お客様の幸せ，社員の幸せ，会社の幸せ，社会の幸せ」という5つの幸せを願う
B社	①お客さまにとって質の高いタクシーをつくる ②働く乗務員にとって良いタクシー会社をつくる ③公共交通機関としての責務を果たす	
C社	①私たちは，素敵な人間になります	世の中にはさまざまな意見や価値観を持っている人がいるため，その価値観などの差を受け入れることで幅広い分野の知識や意見を素直に取り入れることができる
	②私たちは素敵なサービスを提供します	相手の立場になって考えるという内容で，商売において相手によって求められるものは異なってくるため，それを相手の立場で考えることで顧客のニーズに柔軟に対応することができる
	③私たちは，素敵な社会貢献活動をします	人にやってもらっていることに対し感謝して，「恩送り」をするという内容で，ごみ拾いなどのボランティア活動だけでなく，会社として人を雇用することやサービスを提供することも社会貢献活動の一部である。それに伴って，必ず何か自分たちにしてもらっていることがあるため，それに気づき，恩として他に送る
	④私たちは，素敵な人生を送ります	人や環境のせいにせず，できることからやるという内容であり，①～③をとおしてそれを実践することで家族を含め関係するすべての人が幸せになることを目指す
D社	1. 私たちは，人との出会いと感謝の気持ちを大切にし素直な心で成長します 1. 私たちは，すべての人が心から喜び・幸せを感じられる，もの創り企業になります 1. 私たちは，高い技術を追求・提供し，安心・安全な生活空間を提供します	

77

田 2010），さらに中小企業となると，「社長と社員の距離が近い」や「組織の一体感」など中小企業ならではの経営上の特性が考えられている（関2013）。こうした諸点が中小企業4社の経営理念に表れていることがわかる。この点について，上で取り上げた中小企業4社が，いずれも経営者団体である中小企業家同友会の会員企業であるということも重要である。中小企業家同友会は，「労使見解」ならびにそれに基づく「経営指針成文化運動」を行っている（SEKI 2007）。ここで言う経営指針は，経営理念に3〜5年の中期計画を含めた経営方針と1年ごとの経営計画の3つを包含したものである。従業員に配慮した経営を意識している。しかしここで強調するべきことは，経営理念の内容がたんに従業員に対するものに留まるのではなく，顧客，地域社会などのステークホルダーに対する社会貢献や社会的責任を包摂している点である。この点に関してはまた，中小企業の場合，地域を事業基盤としていることが多い点をふまえると，従業員や顧客といったステークホルダーも比較的狭い範囲にとどまるケースも少なくないと考えられることから，それらのステークホルダーに配慮した経営実践は，広義には，地域への貢献としての側面をもっていることも指摘できるだろう。

　さらに言えることのもう1つは，これら4社の中小企業が，こうした経営理念の内実に即して，経営を実践しているという点である。理念の存在と実践のあり方は別とも言われるが（脇 2013），経営理念に基づき自社を取り巻くステークホルダーによりかかわった経営を実践している（あるいは実践しようとしている）ことが，これら4社に共通してみられる。このことから，事業経営と社会的経営の実践とは高い重複性を有しており，不可分であると言うことができる。たとえばA社は，障がい者の雇用ばかりでなく，障がい者施設・孤児院からの実習の受入を積極的に行っており，社会的弱者と言われる方々との接点を自らもとうとしている。また，地域の学校の工場見学の受入やごみ拾いを行ったり，さらには使用する木材をできる限り地域の資

源にしたりすることによって，自社が立地する地域ともかかわろうとしている。C社は，社員に新卒採用ということに慣れてもらうため，直接的に採用することができるかできないかには関係なく，将来自社の社員となる可能性を有する大学生に対してインターンシップを実施している。D社は，「てらこや」「ひとひとネット」による地域との関係をつなぐ取組みを行っている。B社は，現行としては社員の子どもの託児所であるが，いずれは地域の子どもたちを受け入れたいと考えており，地域（あるいはコミュニティ）志向が強くみられる[7]。

　以上4社のケースから，中小企業において経営理念が社会的経営の実践を生み出す主要な1要因として機能しうることが示唆されるが，この点に関しては中小企業が経済的役割のみならず，社会的役割を担っているからこそ存立している側面があることをふまえれば，以下のことも指摘できるだろう。すなわち，中小企業における社会的経営の実践は，当該企業の存立基盤の維持・強化にむけた経営実践としての側面も強く有するということである。つまり，中小企業における経営理念に即した事業経営は，経済的にも社会的にも中小企業の存在意義を高めうるものであると言えるだろう。

5. 結論

　本章では，「社会的」中小企業と呼ぶ，社会的経営を実践している中小企業を取り上げ，その実践を具体的にみていくことにより，「社会的」中小企

---

(7) D社は，仕事の量をこなすことを追求するがあまり手を抜いてしまい，取引先などから信頼を失い，2009年から赤字が3年続いたことがあるという。このときにそれまで作成していた経営理念を見直した。もともと代表の両親がともに障がいをもっており，そのようななかで自分を育ててくれた両親，助けてくれた地域の方々に恩返しをしたいと強く思いなおすようになり，利益重視の経営から転換させ，今の経営理念を実践に移すことにしたという。

業の経営実践上の特徴を明らかにしていくことを目的としていた。それゆえに4社の「社会的」中小企業を取り上げ，それぞれのケースに基づき，検討を深めてきた。

　本章での検討から明らかになったことは，「社会的」中小企業は，経営理念を成文化しており，さらにその経営理念に即した事業経営を行っているということである。つまり，言い換えるとすれば，「社会的」中小企業は，自社の経営理念をより重視した経営を実践しようとすればするほど，社会的経営をより実践しようとするとも言える。これが本章での考察から導出された仮説である。

　それでは，なぜ中小企業は経営理念を重視した経営をすればするほど，その企業は利益重視ではなく，社会的経営をより実践しようとするのであろうか。そこには，経営理念の追求がもたらすものを考えなければならないであろう。経営理念は，自社は何のために経営をしているかの究極的な考察を明文化したものであり，経営者によって自社の社会的な存在価値の徹底的な追求がなされたものである。その結果として，社会の公器としての企業観に到達し，自社の存在意義をあらためて再認識することになる。

　経営理念を重視した経営を実践しようとすればするほど，「社会的」な経営をより実践しようとすることになる。このことは同時に，経営理念を重視しなくなると，「社会的」な利益をあまり重視せずに，むしろ経済的利益を重視するようになるということを示している。「社会的」な活動を重視するのか，経済的な活動を重視するのか，その判断基準に経営理念の重視の度合いが深く関連しているということは，先行研究に対して新しい視座を与えるものと考える。これが本章の理論的含意である。しかしながら，中小企業のなかには，自身が経営理念を成文化し，それを重視した事業経営を展開するなかで社会的経営を行っているものの，事業経営に組み込まれているがゆえに社会的経営を実践しているという明確な認識が伴っていないケースも少な

からずあるものと考えられる。そうした無意識での社会的経営の実践は，中小企業の社会的経営にかかるひとつの特徴でもある[8]。このことは，「社会的」中小企業を見いだすことの難しさと同時に，中小企業の社会的経営研究の難しさを生み出している要因でもある。

　また今日，地域や社会を取り巻く諸問題が多様化，深刻化するなかで，地域経済社会に「社会的」中小企業をより多く輩出していこうとする動きが期待される。しかしながら，どのようにすればその輩出が可能となるのかについては，これまで必ずしも明確な要素は確定されていなかった。本章での検討から，地域経済社会に「社会的」中小企業をより多く輩出していくためのひとつとして，中小企業の経営理念の明文化と，それを重視した経営実践が必要であることが示唆される。また，上述した中小企業の事業経営と社会的経営の実践との高い重複性をふまえると，経営理念を成文化し，その内容に即した経営を実践に移している中小企業をより多く見出し，その実践内容を広く社会に対して発信していくと同時に，そうした実践を積極的に評価していくことも必要であろう。しかしながら，経営理念の成文化を実現したとしても，それをどの程度重視した経営を実践するのかについては，あくまで経営者の自己判断によるところが大きい。それゆえに，経営者のマインドを継続的にチェックしていくような仕組づくりが必要であろう。これが本章の政策的含意である。

付記
　本章は，関智宏・木下和紗（2018）「社会的中小企業の経営実践—京都市内の中

---

(8) たとえば，環境省中部地方環境事務所（2006）は，中小企業30社に実施したインタビュー調査結果から，中小企業はCSR活動という特別な認識はもっておらず，企業理念や経営者の思いからスタートした活動がCSR活動に結実しているような，いわゆる「結果としてのCSR」の傾向が強いことを指摘している。

小企業をケースとして一」同志社大学商学会『同志社商学』第70巻第3号に掲載
された原稿を，本書の収録のために加筆・修正したものである。

【参考文献】

Besser, T.L. (2012) "The Consequences of Social Responsibility for Small Business
　　Owners in Small Towns," *Business Ethics: A European Review*, 21(2), pp.129-
　　139

Bolton, J.E. (1971) *Small Firms: Report of the Commission of Inquiry on Small Firms*,
　　London: Her Majesty's Stationary Office.（商工組合中央金庫調査部訳『英国
　　の中小企業—ボルトン委員会報告書—』商工組合中央金庫調査部，1974年）

Curran, J. and Blackburn, R.A. (2001) *Researching the Small Enterprise*, London:
　　SAGE Publications.

Dawson, S., Breen, J. and Satyen, L. (2002) "The Ethical Outlook of Micro Busi-
　　ness Operators," *Journal of Small Business Management*, 40(4), pp.302-313

Jenkins, H. (2004) "A Critique of Conventional CSR Theory: An SME Perspec-
　　tive," *Journal of General Management*, 29(4), pp.37-57

Jenkins, H. (2006) "Small Business Champions for Corporate Social Responsibili-
　　ty," *Journal of Business Ethics*, 67(3), pp.241-256

Quinn, J.J. (1997) "Personal Ethics and Business Ethics: The Ethical Attitudes of
　　Owner/Managers of Small Business," *Journal of Business Ethics*, 16(2), pp.119-
　　127

Seki, T. (2011) "Associations of Small Business Entrepreneurs as "Voluntary" Or-
　　ganizations for SME Managers and their Campaign for the Documentation of
　　Management Principles," 『阪南論集（社会科学編）』第46巻第2号, pp.193-
　　225

Southwell, C. (2004) "Engaging SMEs in Community and Social Issues," in Spen-
　　ce, L.J., Habisch, A. and Schmidpeter, R. eds., *Responsibility and Social Capi-
　　tal: The World of Small and Medium Sized Enterprises*, Hampshire: Palgrave
　　Macmillan, pp.96-111

Spence, L.J. (1999) "Does Size Matter? The State of the Art in Small Business Ethics," *Business Ethics: A European Review*, 8(3), pp.163-174

Spence, L.J. and Rutherfoord, R. (2004) "Social Responsibility, Profit-Maximisation and the Small Firm Owner-Manager," in Spence, L. J., Habisch, A. and Schmidpeter, R. eds., *Responsibility and Social Capital: The World of Small and Medium Sized Enterprises*, Hampshire: Palgrave Macmillan, pp.35-58

Sweeney, L. (2007) "Corporate Social Responsibility in Ireland: Barriers and Opportunities Experienced by SMEs When Undertaking CSR," *Corporate Governance: The International Journal of Business in Society*, 7(4), pp.516-523

Vázquez-Carrasco, R. and López-Pérez, M.E. (2013) "Small & Medium-Sized Enterprises and Corporate Social Responsibility: A Systematic Review of the Literature," *Quality & Quantity*, 47(6), pp.3205-3218

Vyakarnam, S., Bailey, A., Myers, A. and Burnett, D. (1997) "Towards an Understanding of Ethical Behaviour in Small Firms," *Journal of Business Ethics*, 16(15), pp.1625-1636

Wilson, E. (1980) "Social Responsibility of Business: What Are the Small Business Perspectives?," *Journal of Small Business Management*, 18(3), pp.17-24

梅津光弘・段牧（2015）「経営倫理は中小企業を強くするか─CSR活動を中心に─」『日本政策金融公庫論集』第28号，pp.75-88

環境省中部地方環境事務所（2006）「CSR先進中小企業ヒアリング調査　実施報告」『平成18年度 中部地域におけるパートナーシップに基づくCSR活動調査報告書』環境省中部地方環境事務所，pp.19-51
　http://chubu.env.go.jp/earth/mat/data/m_2_1/rep_3.pdf（2016年4月19日閲覧）

木下和紗（2017）「地域社会活動の実践にもとめられる中小企業経営者の役割」『工業経営研究』第31巻第1号，pp.36-47

木下和紗（2018a）「中小企業のCSRに関する研究動向」『大阪市大論集』第131号，pp.1-33

木下和紗（2018b）「中小企業の地域社会活動とそのモチベーション要因─株式会社大阪工作所のケース─」『阪南論集（社会科学編）』第53巻第2号，pp.199-214

許伸江（2015）「中小企業のCSRの特徴と課題」日本中小企業学会編『多様化する社会と中小企業の果たす役割』同友館，pp.79-91

久保克行・広田真一・宮島英昭（2005）「日本企業のコントロールメカニズム─経

営理念の役割―」早稲田大学21世紀COE《企業法制と法創造》総合研究所
『季刊 企業と法創造』第1巻第4号，pp.113-124

関智宏（2007）「ビジネスプランと中小企業経営―中小企業家同友会の経営指針成
文化運動との関連を中心に―」中小企業家同友会全国協議会企業環境研究セ
ンター『企業環境研究年報』第12号，pp.81-94

関智宏（2013）「従業員重視の中小企業経営」労務理論学会編『中小企業における
経営労務の課題』晃洋書房，pp.53-68

関智宏・周雯（2018）「中小企業の労働環境―2012年度に実施したアンケート調
査に基づく経営者と従業員の認識ギャップ―」『同志社商学』第70巻第2号，
pp.351-366

筒井徹（2013）「地域振興に貢献する中小企業」商工総合研究所編『これからの
CSRと中小企業―社会的課題への挑戦―』商工総合研究所，pp.164-201

飛田努（2010）「日本企業の組織文化・経営理念と財務業績に関する実証分析―
2000年代における日本的経営を考察する手掛かりとして―」『立命館経営学』
第48巻第5号，pp.61-78

藤野洋（2012）「『企業の社会的責任（CSR）』に関する研究―中小企業への適用に
ついての考察―」『商工金融』第62巻第9号，pp.20-85

古川浩一（2008）「企業の社会的責任と中小企業経営」『商工金融』第58巻第7号，
pp.4-19

古川浩一（2009）「CSRと中小企業経営」『総合政策研究』第17号，pp.57-67

本多哲夫（2013）『大都市自治体と中小企業政策―大阪市にみる政策の実態と構造
―』同友館

松田良子（2003）「経営理念と経営戦略」加護野忠男編著『現代経営学講座6 企業
の戦略』八千代出版，pp.39-53

森本三男（1994）『企業社会責任の経営学的研究』白桃書房

安井恒則編著（2013）『個性ある中小企業の経営理念と労使関係に関する調査研究
（社労士総研研究プロジェクト報告書）』全国社会保険労務士会連合会社会保
険労務士総合研究機構

山縣正幸（2013）「中小企業のコーポレート・ガバナンス―どのステイクホルダー
が，どのように行うのか―」足立辰雄編著『サステナビリティと中小企業』
同友館，pp.119-138

脇夕希子（2013）「中小企業による経営理念の経営上の実践―アンケート設定過程

と労使関係にかかる項目を中心に―」安井恒則編著（2013）『個性ある中小企業の経営理念と労使関係に関する調査研究（社労士総研研究プロジェクト報告書)』全国社会保険労務士会連合会社会保険労務士総合研究機構，pp.8-22

木下和紗・関　智宏

第5章

中小企業とSDGs

——中小企業家同友会の取組みを 中心として

1. はじめに

　日本は企業数の99.7％を中小企業が占め，その多くがファミリービジネスであるといわれている。また，創業100年を超える老舗企業は2万5千社を上回り，日本はファミリービジネス大国とも呼ばれる（後藤2009，横澤2012）。こうしたファミリービジネスは日本だけではなく，世界の多くの国々においても社会的・経済的に重要な比重を占めている（Astrachan and Shanker 2002, Poza and Daugherty 2014）。また，アジアにおいてもファミリービジネスは経済主体として工業化の重要な担い手として存続しており（末廣2006），近年では日本においてもファミリー企業の永続性に着目した老舗企業に関する研究が蓄積されている（後藤2009，倉科2008）。こうしたファミリー企業に占める中小企業の割合はきわめて高く，その多くは地域社会に根差した事業展開をしており，地域経済の活力の源泉として，その社会性や経済性を再評価する動きが広がりつつある。

　しかし一方で，中小企業は，経営資源において多くの制約を有していることや，所有と経営が一致していることによるガバナンス上の課題を抱えていることも事実であり，こうした問題性と発展性の両側面を内包した存在であるということを理解しておかなくてはならない。また，中小企業は，中小規模であるがゆえに，資金調達に限界がある。そのため，規模の経済性が大きく作用する分野への進出は難しく，競争状況が厳しい分野への進出を避けるために特定の分野に専門化する傾向がある。このように中小企業は，専門化している分野や機能以外は外部へと依存することになるが，こうした中小企業の専門化は，社会的分業を深化させることにもつながる（渡辺ほか2001）。さらに，中小企業は上述の資本的制約に加えて，人的資源，技術，情報などの経営資源を単独で補うことが難しいため，その多くは何らかのネットワークを形成することで必要資源を補完している。こうしたことか

ら，近年，中小企業におけるネットワーク組織の重要性が取り上げられており（関・中山 2017），中小企業の海外進出に際してもクラスター型アプローチの可能性などが示されている（藤岡 2013）。

そこで，本章では，2019年に創立50周年を迎え，会員数47,000社を有するアジア最大の中小企業家のネットワーク組織の1つである中小企業家同友会全国協議会（中同協）を取り上げながら，中小企業におけるSDGs（Sustainable Development Goals）への取組みについてみていきたい。SDGsを浸透させていくには，大企業のみならず，地域社会に深くかかわり永続的に事業を展開している中小企業における取組みが重要となるからである。まず，第2節では，SDGsの基本概念を理解するために，企業の社会的責任や企業倫理などの議論を簡単に整理していく。そのうえで，第3節において，中小企業家同友会全国協議会の歴史を概観し，その継続と発展の過程において，SDGs的な要素がどのように取り扱われてきたのかという点について理解を深めていきたい。そして，第4節において，急速に経済化していく社会における中小企業の存立意義と可能性について触れることで，本章のまとめとしたい。

2. 企業の社会的責任と中小企業

2.1. 企業の社会的責任について

日本では1956年に経済同友会で「経営者の社会的責任の自覚と実践」が定義され（水尾・田中 2004），1960年以降に公害などの社会問題などが顕在化したことを受け，企業の経済的側面以外の責任について議論が展開されるようになってきた。そして，1973年には第1次オイルショック期の買い占めや売り惜しみなどの問題が生じたことによって企業の社会的責任論が一時的に注目された。欧米では，1990年代より，CSR（Corporate Social Responsibility：企業の社会的責任）や地球環境問題への配慮などに対して責任を負うコーポレートガバナンスの在り方を問う動きが高まり，社会が抱える問題の矛先が政府のみならず，大企業や多国籍企業に対しても向けられるようになった。1992年には，ブラジルのリオデジャネイロで「国連環境開発会議」（地球サミット）が開催され，人類共通の課題である地球環境の保全と持続可能な開発の実現のための具体的な方策が議論された。それ以来，自然を人間によって支配されるべき客体としてではなく，人類が共有する「地球的公共善・公共財」（山脇 2008）として捉えるようになったのである。

　また，グローバル・サプライチェーンの拡大と進展により，多くの多国籍企業が価値創造活動の一部を発展途上国へ移転しており，先進諸国で消費される食品，工業製品，アパレル製品などの多くが海外の生産現場でつくられたものとなっている。そして，こうした製造拠点となっている開発途上にある国々では，児童労働をはじめ，劣悪な環境での労働などによる人権問題や地球環境への悪影響などが顕在化している。また，近年では，海外の製造拠点のみならず，日本国内の工場においても，外国人の技能実習生の労働環境問題が指摘されるようになってきた。こうしたさまざまな問題を契機として，社会における企業の果たすべき役割や期待に対する関心が以前に増して高まり，法律遵守（コンプライアンス）の徹底はもとより，企業の倫理的側面，人権問題，環境問題などに配慮することが，企業の存続や企業価値の最大化において不可欠であるという認識が広まることになった。こうした背景のもと，欧米のビジネススクールでは，1990年代後半より，企業の社会的責任を題材としたケース教材が多く開発され，ビジネスパーソンの教育において必要不可欠な科目として位置づけられてきた。

　その後，国連では，2011年に，「ビジネスと人権に関する指導原則」が採択され，人権の侵害に対する対応として，企業の人権尊重や国家の義務などが定められることになった。さらに，OECDによる多国籍企業行動指針な

ども企業のグローバル・サプライチェーンの在り方に大きな影響を与えており，持続可能な企業活動のために，現地オペレーションおよびグローバルなサプライチェーンにおける人権デューディリジェンスの重要性が認識されるようになった。こうしたなか，2015年9月に国連で採択された「持続可能な開発目標」（sustainable development goals：SDGs）は，この「ビジネスと人権に関する指導原則」を発展させたものであり，国連のミレニアム開発目標（Millennium Development Goals：MDGs）の後続の政策として，2030年までに持続可能な社会を実現するための指針として位置づけられている。MDGsは8つの目標と21のターゲットが示されているのに対して，SDGsは17の目標と169のターゲットから構成されている。SDGsがその前身ともいえるミレニアム開発目標（MDGs）と大きく異なる点は，MDGsでは主に開発途上国が想定されているのに対して，SDGsでは先進国を含む，より包括的な政策課題を提示しているという点である。さらに，SDGsは，国際機関や政府による社会課題の解決能力の限界を認識したうえで，多様なステークホルダーの役割が検討されており，なかでも企業の役割が全面的に強調されている。このように，企業がSDGsの基本理念を理解し，複雑な課題解決に取り組むことが人類の持続可能性を担保していくうえで不可欠であるという認識のもとで，企業向けの指針として，「SDGコンパス：SDGsの企業行動指針」が発行された。

　もっとも，企業倫理の問題や企業の果たすべき責任については，これまでもさまざまな形で議論がなされてきた。たとえば，経営者の株主に対する受託責任を重視するFriedman（1970）は「企業の社会的責任は利益を追求することである」ということを明確に主張し，本業とかかわりのない慈善事業は株主の利益に反するものであるとした。つまり，会社として慈善事業を行う場合は株主によって決定されるべきであり，そうでなければ，会社としてではなく経営者個人として行うべきであるという立場をとるのである（Porter & Kramer 2002)。こうした自由主義的な立場の経済学者の多くは，企業の果たすべき責任は，株主利益の極大化であり，広範なステークホルダーに対する倫理的な責任を果たすということではないと考えている。つまり，人々の望む商品を提供するということをつうじて利益の極大化に努めることが，結果として社会の構成を効率よく高めることにつながると考えるのである（高・ドナルドソン 1999）[1]。

これに対して，Carroll（1991）は企業の責任をより広範に捉えることで，企業にとって利益は重要であるが，同時に企業はより広範な目的や社会的な責任を有する存在であることを指摘し，経済的責任（economic responsibility to be profitable），法的責任（legal responsibility to obey laws and other regulations），倫理的責任（ethical responsibility to act morally and ethically），社会貢献的責任（philanthropic responsibility to give back to society）という4つの構成要素を提示した。この構成要素の順序については議論の余地があるが，企業の社会的責任を利益の追求という経済的目的に限定するのではなく，非経済的目的との統合を試みたという点が重要である。水尾・田中（2004）は，CSRを「企業組織と社会の健全な成長を保護し，促進することを目的として，不祥事の発生を未然に防ぐとともに，社会に積極的に貢献していくために企業の内外に働きかける制度的義務と責任」（p.5），と定義し，森本（1994）と同様に，経済的責任と法的責任の順序をCarroll（1991）とは入れかえて概念化した。そのうえで，法的責任，経済的責任，倫理的責任，社会貢献活動という流れで，戦略的要素が強くなっていくことを主張している（水尾・田中 2004, p.10）。

---

(1) 同様に，Levitt（1958）は，「社会的責任の危険性（The Dangers of Social Responsibility）」と題する論考において，経営者は社会的な責任や企業倫理を語ることではなく，ビジネスの成否を図る最良の尺度である利潤について語ることであることを主張し，企業は本来的に社会問題に取り組むようにはつくられていないとした。

　このように，CSRを単なるコンプライアンス（法律遵守）としてではなく，環境保全，地域社会への貢献，教育・文化支援，社会福祉，国際貢献などの領域で，企業の公共善に対する自発的貢献として理解するならば，CSRは徳倫理の重要な一角を占めることになる（山脇 2008）。企業の倫理に関する問題定義としては，経済人コー円卓会議（CRT）の取組みが，企業の倫理規範を示した初期のものであるといわれている（Waddock 2008）。CRTでは，欧米日の企業経営者らが共同でまとめた「企業の行動指針」の規準を示しているが，これは，ミネソタ企業責任センター（現，Center for Ethical Business Cultures）のまとめた「ミネソタ原則（The Minnesota Principles）」を基礎にしたものであり，ビジネス原則の柱として「共生」をあげている。

　現在，CRTグローバル・エグゼクティブディレクターを務めているスティーブン・ヤング（Stephen B. Young）は，企業組織においては，道義は漠然とした崇高な理想から原則や規準へ，そして目標から行動へと階層をつうじて作用しなくてはならないと主張している。そのうえで，野獣的キャピタリズムからモラル・キャピタリズム（道義的資本主義）への転換が必要であると指摘する。そして，モラル・キャピタリズムの実現において最も挑戦的な課題として彼が指摘するのが，理論の実践であり，原則があれば，それらが自然に実行に移されるというわけではないという点である。そこで，企業経営者は，原則をもとに目標設定を行い，経営者は原則をつうじて自らに課せられた使命と社会的目的に意識的でなくてはならない。こうした観点から，CRTではMBO（management by objectives：目標管理制度）の考え方を導入することや（Young 2003），米国政府のマルコム・ボルドリッジ賞（Malcom Baldridge）の経営アプローチを用いることなどを推奨している。このようにCRTでは，企業人は目的志向であることを明言したうえで，適切な目的に対して意識を向け，成功への動機づけが備わることで，企業は社

会的責任のある存在としての役割を期待することができると考えている
(Young 2003)。

2.2. 中小企業によるSDGsの導入実態

　日本においては，相次ぐ企業の不祥事の顕在化を受けて，2000年代から
企業の社会的責任（corporate social responsibility：CSR）をいかに担保し
ていくのかという課題に対する取組みが本格化していくことになったといわ
れる（江川 2018）。このように，企業の経済的な活動のみではなく，企業の
社会的な責任に関する社会の関心や企業経営者に求められる役割について
は，大企業のみに課された課題ではなく，日本経済を根底から支えている中
小企業の経営者にとっても重要である。とくに，今後は，中小企業において
も，取引相手企業からの取引条件として，こうした社会的課題への対応のあ
り方がこれまで以上に問われていく可能性がある。しかし，中小企業は数が
膨大であることに加えて，業種別に中小企業の定義が異なることなどから，
日本の中小企業のCSR活動の実態について網羅的な統計をとることは容易
なことではない。そこで，以下では，中小企業のCSR活動に関する調査に
ついてニッセイ基礎研究所（2007）の資料をもとにみていくことにしよう。
　ニッセイ基礎研究所（2007）による調査では，2007年1月時点で中小企
業においても，親会社からの要請などを受けて，調査対象の半数を超える中
小企業がCSRに取り組んでいるという。一方で，調査時点でCSRに取り組
んでいない企業の理由としては，「日頃から誠実な経営を心掛けている」
（45.9％），「人的余裕がない」（45.6％）という回答が多くあげられている。
つまり，中小企業においては，既にこうした社会との関係に配慮をした経営
を行ってきたという自負をしている企業群がある一方で，財務的・人的な余
裕がなく企業経営に一定の余裕が確保できてからCSR活動を実施したいと
考えている企業群があることが分かる。また，SDGsについては，関東経済

産業局が2018年10月1日から10月4日にかけて中小企業500社に対して行った実態調査によると，SDGsについて全く知らない（今回の調査で初めて認識した）と答えた企業が84.2％にもなることが明らかになっている。SDGsに取り組む際の課題としては，「社会的認知度が高まっていない」（46.0％），「資金の不足」（39.0％），「マンパワーの不足」（33.6％）などが上位にあげられ，先のCSRに取り組む際の課題としてあげられた財務資源や人的資源の制約がここでも問題視されていることが理解できる。また，中小企業においてはCSRと比較するとSDGsという用語自体の認知度が低いという課題があることが分かる。

　先述したように，SDGsが提示した包括的な政策課題に取り組むために，企業が果たすべき役割の重要性を認めるならば，世界経済において質的にも量的にも大きな役割を果たしている中小企業におけるSDGsへの普及が重要となる。しかし，経営資源において制約のある中小企業に対して，SDGsへの取組みを一方的に押し付けることでは問題は解決しない。中小企業がSDGsに積極的に取り組むことによるメリットを示すなど，企業がこうした活動に真剣に取り組むことが，自らの持続的発展にもつながるという点を中小企業の経営者に理解してもらうための双方向のコミュニケーションが重要となる。近年，大企業に対しては，自らのバリューチェーンのみならず，進出先の下請企業などの上流工程までをも含めたサプライチェーン全体に対しての責任を負うという認識が高まっており，取引企業における人権問題は言うまでもなく，環境問題に対しても責任ある取組みを求めており，中小企業においてもSDGsへの対応は重要となっていくであろう。たとえば，トヨタ自動車では，「トヨタ環境チャレンジ2050」に基づき，温室効果ガスの削減，生態系への配慮など，幅広い環境対策を進め，サプライヤーとのより一層の連携を進めながら，トヨタのサプライチェーン全体をつうじて，持続可能な

社会の実現を目指している[2]。ライオンは,「サプライヤー CSR ガイドライン」を制定し,原材料サプライヤーや生産委託先に対して,毎年セルフチェックを依頼している。ガイドラインには,人権・労働,環境,公正な事業慣行,消費者課題などが盛り込まれている[3]。三菱商事は,強制労働の禁止,安全で衛生的かつ健康的な労働環境の提供などを謳った「持続可能なサプライチェーン行動ガイド」を取引サプライヤーに浸透させ,定期的にサプライヤーに対する調査を実施し,違反が見つかると,必要に応じてサプライヤーへの指導・支援を行っている[4]。アップルは世界各地にある同社の施設が100%クリーンエネルギーで電力を賄っていること,さらに,同社はサプライヤー 9 社に対して,同社向けの生産を100%クリーンエネルギーで行うことを約束させている[5]。このように,社会課題に果敢に取り組む企業こそが,投資家を含むあらゆるステークホルダーから高く評価されるという社会の価値観が醸成されつつあり,SDGsに取り組むことで,企業イメージの向上につながるのみならず,こうした取組みの有無が取引先企業選定の条件となっていくケースも増えていくことであろう。

2.3. 企業戦略としてのCSR

　企業は,それぞれがおかれた利害状況のなかにあって,それに押し動かされながら存在している。上述のような企業に対するステークホルダーの関

---

(2)　トヨタ社ホームページ（2015）「トヨタ環境チャレンジ2050」https://global.toyota/jp/sustainability/esg/challenge2050/（2019 年 9 月 7 日閲覧）
(3)　ライオン社ホームページ「サステナブルなサプライチェーンの推進」https://www.lion.co.jp/ja/csr/businesscustom/procurement/（2019 年 10 月 8 日閲覧）
(4)　三菱商事社ホームページ「サプライチェーンマネジメント」https://www.mitsubishicorp.com/jp/ja/csr/management/supplychain.html（2019 年 10 月 8 日閲覧）
(5)　アップル社プレスリリース（2018）「Apple,再生可能エネルギーで世界的に自社の電力を100%調達」https://www.apple.com/jp/newsroom/2018/04/apple-now-globally-powered-by-100-percent-renewable-energy/（2019 年 9 月 7 日閲覧）

【図表5-1】 CSP-CFPの関係

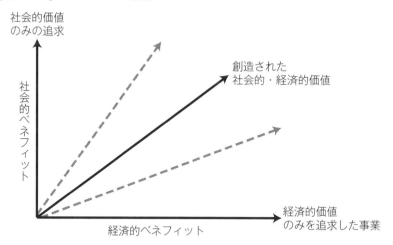

出所：Porter & Kramer（2002）より作成。

心の移り変わりとともに，戦略論においても，企業の経済的目的と社会的目的は，本来は二項対立的に捉えるべきものではないという指摘がされている（Porter & Kramer 2002）。企業の競争力は多くの場合，企業が事業を展開している場所（the locations where they operate）に依存しており，従業員の採用に関してもその地域の教育レベルなどからも大きな恩恵を受けている。そのため，長期的にみれば社会的な目的と経済的な目的は相反するものではなく，相互に結びついて統合的に理解されるべきものなのである（図表5-1参照）。このように，CSRと企業戦略を車の両輪として捉え，両者を一体的に推進していくことの重要性が高まっており，企業の強みを活かして社会的課題の解決と企業の競争力の向上を同時に実現しようとする考え方はCreating Shared Value（CSV）などと呼ばれている（Porter and Kramer 2011）。また，経営戦略論のみならず，マーケティングの分野でも，CSRに関する取組みと企業価値の関係について取り上げられている（Kotler and Lee

2008)。

　こうしたことから，CSRやCSVに関する企業の活動が企業の財務的業績
に及ぼす関係について，多くの実証研究が蓄積されてきた。研究結果からの
示唆は，それぞれの研究によって異なっているが，たとえば，1972年から
2002年の30年間に蓄積された企業の社会活動の成果と企業の財務活動の成
果に関する実証研究を分析したMargolis and Walsh（2003）は，半数以上
（全127件中）の研究でcorporate social performance（CSP）とcorporate
financial performance（CFP）の間に正の関係があるとしている。

　しかし，ここで企業の財務的業績の向上という経済的な目標に社会的な目
的を結びつけるという考え方（Porter and Kramer 2002）がある一方で，最
終的に企業の財務的な業績へと評価を一元化してしまうことの問題点も指摘
されていることに留意が必要である。つまり，企業評価に対して複数の観点
を組み込むものであっても，これらの指標を最終的に「貨幣による一元評
価」へと収斂させることは，私たち社会が抱えている問題の本質的な解決策
にはならないという主張である（國部 2017）。CSRに関連する活動の多く
は，短期的あるいは直接的には企業の財務業績の向上につながらない場合が
多いことに加えて，企業は経済主体という性格上，原理的には社会的価値を
第一義的には追求することができない。だとすると，Comte-Sponville
（2004）が強調するように「主体である私たちこそが道徳的な存在になるべ
きであって，制度に過ぎない経済にその代わりを求めてはならない」（國部
前掲書，p.176)。つまり，複数評価原理を考える場合に重要なことは，複数
の指標が最終的に一元評価へと収束させてしまわないことであり，バランス
トスコアカードのように最終的に財務的利益に収束するように設計されてい
る指標は複数評価原理とはいえない（國部 2017)。その点，経済・環境・社
会を1つの指標にまとめるのではなく，それぞれを独立した分類として指標
の体系化を図っているトリプルボトムラインやSDGsは，複数の評価原理の

手法として重要であると考えられる（國部 2017）。本章では，この点について，詳述する紙幅は残されていないが，社会・環境・経済のあり方を議論していくうえで，社会的・制度的実践として会計というテクノロジーが果たしうる可能性（Hopwood and Miller 1994）について，さらなる検討が必要となることを指摘しておきたい。

3. 中小企業家同友会におけるSDGs活動[6]

3.1. 中小企業家同友会全国協議会：その先進性

　日本の中小企業政策は，高度成長期に入って間もない1957年の『経済白書：速すぎた拡大とその反省』（経済企画庁編）において示されているように，近代的大企業と前近代的な労使関係に立つ小企業および家族経営による零細企業の格差是正に政策課題が設定されていた。つまり，「一国のうちに，先進国と後進国の二重構造が存在することに等しい」という認識のもと，いわゆる二重構造論に基づいた経済政策が行われ，その後，1963年7月20日に中小企業基本法が施行されることになった[7]。日本中小企業家同友会は，こうした経済状況と政策が展望されていた時代背景のもと，1957年4月に誕生した。現在では全都道府県を網羅する47同友会となり，会員数は47,000社を超える規模にまで発展している。しかし，東京赤坂プリンスホ

---

(6)　本節における議論は，『中同協50年史：歴史と理念に学び未来をひらく』中小企業家同友会全国協議会2019』（以下，『中同協50年史』）を紐解きながら整理している。

(7)　しかし，現実的には，大企業の成長政策が重点化され，中小企業近代化政策は従たる位置にあり，補足的政策にとどまったことが指摘されている（『中同協50年史』p.17）。2010年には，中小企業憲章が閣議決定をされたが，国の予算一般歳出に占める中小企業・小企業対策費の割合は過去数十年にわたり最低水準を更新している。1980年は0.79，90年は0.55，2000年は0.46，2010年は0.37，2018年は0.28である。

テルにおいて行われた創立総会では，わずか35名の出席者数，会員数70名で同友会は誕生し，報道関係者は5名であった（同書，p.21）[8]。その後の紆余曲折を経て，「民主的かつ自主的な団体」としての性格を規定し，1969年に中小企業家同友会全国協議会（以下，中同協）が設立されている。

　このように長い歴史を有する中同協について，詳しくそのすべてを紐解くことはできないが，改めてその設立から今日に至る歴史や理念などが形成されてきたプロセスを振り返ると，本書のテーマであるSDGsと関連して，今日においても十分に通用する普遍的な考え方や取組みをみることができる。そのいくつかについて，2019年『中同協50年史：歴史と理念に学び未来をひらく』（中小企業家同友会全国協議会）および『人を生かす経営』などの関連書籍を手掛かりに，以下に簡単に紹介していくことにしたい。

　同友会は「中小企業家が自分たち自身の力と知恵で組織していく団体」として発足し，①連合体としてではなく，協議体として規模の大小にかかわらず役員数を各県同数として，民主主義的な運営を保障する，②同友会の組織体を都道府県単位にする，③各同友会の会員は個別企業の経営者またはそれに準ずるものとし，業界団体や協同組合としての参加は認めない[9]，④大企

---

(8) 創立総会では，「日本中小企業家同友会設立趣意書」には，次の5つの点が強調されている。①日本中小企業家同友会は，中小企業家の，中小企業家による，中小企業のための解であり，「天は自ら助くるものを助く」の精神を自覚していること。②中小企業の組織を全国一個に独り占めせず，多様な団体が共通の問題に対して協力し合うこと。③中小企業の近似した層毎に数多くの団体ができ，それぞれの利益を代表するとともに，共通の問題に対して対等の立場で協力し合うこと。④②と③の確認が会そのものの沈滞やボス支配を招来しない基礎になること。⑤日本の国民経済には自主独立に欠け，独占の弊害が強まり，また，統制の風潮もあるとの認識を前提に，市場，金融，税制などの諸問題の解決こそ，重要であると考え，今日の条件に適合すべき，中小企業運動を展開して新たなる寄与をなそうとすること（p.21）。

(9) このことが同友会の名前に「中小企業家」という「家」を入れる所以であるといわれる（『中同協50年史』）。

業の参加は認めない，という形で運用されることになった（『同友会50周年史』p.43）。

　その後，1973年秋に日本経済を襲ったオイルショックは日本経済に甚大な負の影響をもたらした。中小企業にとっても危機的な状況にあった中で，オイルショックのすぐ翌年に行われた総会において（長崎で開催された第4回全研），「中小企業はこの国民総困難の時にあたって，国民とともに生き，決して悪徳商人にはならないことを呼びかける」（『同友会50年史』p.61）という声明を発表している。この取組みは内外から共感をよび，「国民や地域とともに歩む中小企業」という同友会理念として結実している。1982年には中同協・障害者問題員会ができ，「経済団体において障害者という名称のついた委員会があるのは同友会のみ」（『人を生かす経営』p.49）というように，こうした社会的な弱者に対する課題に対して早い時期から真剣に取り組んできた経済団体でもある。この点において，『同友会50年史』では，障害者問題は「経営の原点」に立ちかえる問題であり，「人間尊重の経営をめざす同友会であればこそ取り組めるテーマである」ことが明記されている（p.128）。また，中同協より1983年に発行された『共に育つ：教育のあるべき姿を求めて』（Part1）や1989年に発刊された『人を生かす経営：中小企業における労使関係の見解』には，「経営者の責任」がその冒頭に述べられている。

　「われわれ中小企業をとりまく情勢や環境は，ますます厳しさを加え，その中で中小企業経営を維持し発展させることは並大抵なことではありません。しかし，だからといってわれわれ中小企業経営者が情勢の困難さを口実にして経営者としての責任を十分に果たさなかったり，あきらめたり，投げやりにすることが間違いであることはいうまでもありません。」（『人を生かす経営』p.4）。

　このように，同友会の大きな特徴は「地域とともにある中小企業」（『人を

生かす経営』pp.29-30）ということを明確に謳っていることに加えて，経営者としての社会に対する責任を第一に掲げている点である。同友会では「人間尊重を企業経営の基本精神」としており，社員・地域経済・地域社会と「共に育つ」という姿勢を基本としている。国民生活が豊かになることで，地域経済・地域社会が活性化され，地域社会が発展をしていくことが，中小企業の発展につながるという考えのもと，国民や地域とともに中小企業はあるということを明確に示している。

　また，地球環境破壊については，「琵琶湖の水質保全」，「オフィス古紙リサイクル運動」など，多様な活動で成果をあげており，2002年には政策委員会・地球環境部会を立ち上げ，2009年湯織地球環境委員会を発足させている。エネルギー問題については，2013年10月にドイツやオーストリアを視察し，「エネルギーシフト」という新たな時代の価値観や理念が浸透し，そのなかで中小企業が地域を支えている実践から学び，われわれの生活の質や豊かさを根本から見つめなおすために，草の根から地域を支えていかなくてはならないという問題意識のもとで，『エネルギーシフトが新しい経済社会をつくる：中小企業が主役の時代に』を発刊している。また，地球環境問題については，2015年のCOP21（国連気候変動枠組み条約第21回締結国会議）においてパリ協定が採択され，温室効果ガスの削減が約束されたことをうけて，同友会においても2016年7月に「中小企業家エネルギー宣言」が採択されるなど，エネルギーシフトや地球環境問題に対して中小企業が果たすべき役割について考えている。2016年3月には，ニューヨークの国連本部で開催された「女性の地位委員会」において，「日本の中小企業と同友会の女性活躍推進の取組み」をテーマに中同協の事務局長である平田美穂氏がスピーチを行い，その取組みを国際的に発信している。このように，ビジネスと人権，ダイバーシティ経営や女性活躍の推進，地球環境問題やエネルギーシフトなど自発的な取組みが中小企業家らによって行われてきているこ

とが分かる。本節で主に取り上げてきた『同友会50年史』は，以下のような文章で結ばれている（p.192）。

「世界的な観点での持続可能な開発目標（SDGs）によって社会的な課題解決への対応が進む中，私たちはその体現者をめざそうとしています。（…）現在，私たちをとりまく社会・経済の諸課題は多岐にわたります。それは，企業経営の維持・発展を基礎としながらも，国内にとどまらず地球規模の社会課題にも眼を向ける必要があり，将来世代のためにどのような社会・経済の形を残すのかが問われています。」（一部抜粋のうえで引用）。

以上のように，中小企業家のなかには，大企業の経営者以上に「経営者としての矜持」をもち「経営者としての責任」を自問自答しながら，仲間と共に自主的に学ぶプロセスにおいて，SDGsが叫ばれるようになるずっと以前からこうした問題意識をもって企業経営を行ってきているものが多く存在しているということを指摘しておきたい。

3.2. 中小企業におけるSDGsへの取組み：中小企業家同友会所属企業の取組み

中小企業家同友会には，全国の同友会会員の試行錯誤の議論の集大成として，2010年に採択された中小企業憲章草案がある。その前文には，「人類と地球の持続可能な未来に貢献し」「歴史と経験をふまえ，世界の中小企業との連携を強める」と地球環境や世界の人々と中小企業の関係性を重視することが明確に謳われている。また，憲章草案の指針では「国際交流を深め，固有の文化を尊重しあい，互いの経済の平和で安定的な発展に貢献し，アジアをはじめ世界との共生に努力する」と掲げており，SDGsにみられる世界の潮流は，同友会が長年目指し，実践してきた内容と非常に近いものであるこ

とが分かる(10)。こうしたなか，中小企業家同友会では会員企業に対する
SDGsの普及活動を積極的に展開しており，全国の地区例会で外部講師を招
くなど，活発な議論が交わされている。たとえば，千葉県中小企業同友会の
会員である株式会社ヒロハマでは，これまで女性がいなかった生産分野など
で，女性の職場を拡大し，そこで女性が活躍するために必要な知識習得（旋
盤技能など）を支援している。今では女性の役職者も増え，男女差が消滅し
つつあるという(11)。また，神奈川県中小企業家同友会の会員である電機・電
子部品の精密加工を生業とする有限会社川田製作所は，IT化とともに，大
幅にペーパーレス化や業務効率化を進め，従業員の7割を占める高齢者，障
がい者，外国人の多様なニーズをくみ取りながら，それぞれの得手，不得手
を把握し，ダイバーシティ経営を展開している(12)。同じく神奈川県中小企業
同友会の会員である株式会社フェアスタートは，児童養護施設や里親家庭な
ど，「社会的養護」が必要な若者たちに対して，会社見学や就労体系のコー
ディネート，キャリア教育，就職斡旋，就職後のフォローなどのサービスを
展開している(13)。

　ここまでみてきたように，中小企業を取り巻く事業環境は刻一刻と変わり

---

(10) 愛知中小企業同友会「Ainet」活動報告「【SDGs】連載（3）中小企業憲章草
　　案と国際社会」（2019年2月5日）を参照（http://www.douyukai.or.jp/regional-
　　raise/2019/0205-165815.html）2019年7月16日閲覧。
(11) 日本BPW連合会の報告書「日本の働く女性がもっともっと輝くために！」
　　（2015年）を参照（http://www.bpw-japan.jp/japanese/dl/s_weeks/1-1.pdf）2019年
　　8月29日閲覧。
(12) 神奈川県は内閣府が推進する「SDGs未来都市」および「自治体SDGsモデル
　　事業」に選ばれ，SDGs達成に貢献するさまざまな施策を積極的に実施しており，
　　2019年4月に，「中小企業のためのかながわSDGsガイドブック」を制作している。
　　川田製作所の記述については，同ガイドブックを参照（http://www.pref.kanagawa.
　　jp/docs/bs5/sme-guide.html）2019年9月7日閲覧。
(13) 同社の事業概要については，同社ホームページを参照（http://fair-start.co.jp/
　　about）2019年9月7日閲覧。

つつある。自らの事業に関連する製品やサービスがどのような国の原材料を用いてどのように生産され，いかなる流通過程を経て消費者に届けられているのかを的確に把握することが不可欠である。こうしたバリューチェーンにかかわる一連の活動で，どのような人権課題や地球環境問題に直面する可能性があるのかを事前に把握することなく事業を継続していくことのリスクは高まりつつある。こうしたなか，SDGsに対する取組みは大企業のみに求められるものではなく，中小企業においては，こうした取組みそのものがリスクマネジメントや企業のブランディングへとつながることにもなる。SDGsで示された環境や社会に対する取組みは，中小企業にとっても，すでに選択（choice）の問題ではなくなりつつあり，こうした取組み自体が将来的に重要な取引条件となっていくことは十分に考えられる。

4. おわりに

　アジアの新興国企業とのグローバルな競争，AIやIoTなどの情報化技術の進展，業界の再編などに加えて，国内の人口減少や少子高齢化といった日本が直面している構造的な問題により，中小企業を取り巻く環境変化は厳しさを増している。こうしたなかで，今後の中小企業の中長期的な企業戦略を描いていくことは容易なことではなく，それぞれの業界がおかれた競争環境への適応のみならず，人権問題や地球環境問題を含めた多種多様な変化への対応をいかに図っていくのかが問われている。環境が厳しさを増していくなか，生き残りをかけて必死に事業活動に取り組んでいる中小企業に対して，SDGsを含めた企業の社会的責任を企業実践に移してもらうことは決して容易なことではない。とくに，新興国にはいまだに十分な経営資源を蓄積することのできていない中小企業が多く存在しているが，こうした地域や現場レベルの人々に対して，先進国的な価値観を一方的に押し付けるのではなく，

現地の文脈を理解するために，人々との対話や熟議をつうじてSDGsにかかわる課題を丹念に議論していかなくてはならない。たとえば，大企業や先進国に属する人々の環境保護の叫びが，中小企業や貧しい国に生活する人々の生活の糧を奪うことになる場合があるということに対する批判を，まずは真摯に受け止める姿勢が肝要である。つまり，世界各地の環境問題の多様性を各々の現場レベルで，そこに生きる人々の声に耳を傾け，現場の文脈に即して熟考していくことが要求されるのである（山脇 2008）。

　本章で取り上げた中小企業家同友会の取組みは，SDGsや企業の社会的責任が現在のように声高に謳われるずっと以前から，地域社会との持続的な関係性の構築や地球環境問題に対して自主的に企業家が集まり，議論を展開していた。その際，多様性に配慮をしつつ，ローカルなヴォイスに耳を傾けながら，経営者として社会に求められる姿勢や経営者としての資質や能力を磨いていくため，経営者のあり方（being）を問い続けてきたのである。

　大企業ではCSR活動を経営戦略の一環として車の両輪として捉えていくことで，財務的業績の向上を重視する傾向がある一方で，中小企業はCSR活動を行う動機が経営者自身の価値観や倫理的観点に基づくものであり，必ずしも企業の競争力向上のために戦略的に行っているわけではない可能性がある（梅津・段 2015）。こうしたなか，前近代的な存在として名指しされながらも，経済合理的なマシーンとなることをあえて選択してこなかった中小企業やファミリービジネスは（藤岡 2019），経済合理的なマシーンになり損ねた存在としてではなく，急速に経済化する現代社会にあって，いまだに完全には経済化されていない貴重な存在として，経済合理性の追求によって疎外された人間性を現代社会に回復させるための可能性を秘めた存在として捉えることができるかもしれない。

　社会の経済化は私たちに多くの便益をもたらした一方で，大量生産・大量消費・大量破棄に特徴づけられた社会によって，人類がこれまで直面したこ

とのない困難な問題を顕在化させてきた。社会の一部であった経済から，経済に埋め込まれた社会（Polanyi 1944）へと急速に移り変わる現代において，経済人（ホモエコノミクス）に覆われた社会における人間（ホモサピエンス）の存在を認め，社会的行為の主観的な意味づけと目的の設定および手段の選択という行為の意味を理解しようと試みることで，生きた個人の動機の意味理解を社会科学における科学的認識とする余地を確保しなくてはならない。

　かつて，ダニエル・デフォウ（Daniel Defoe）は，『ロビンソン漂流記』において，当時の英国を支えていたのは，奴隷を用いて事業を行うような金儲けが上手な企業家ではなく，中流な身分（middling station of life）の人々こそが国を支えている大切な土台であることを描いた。これは，古典派経済学が想定した「経済人」ではなく，より高いビジョンを有する「経営者」こそが英国民経済の繁栄を担っていることを暗に指摘したものであった（大塚1989）。デフォウが示したように，理念（Idee）と利害関係（Interessenlage）の緊張関係のなかで，自らのビジョンを見失うことなく，未来を切り拓くことのできる「経営者」は，わたしたち社会の将来を双肩に担っているのである。SDGsという概念は，「より善い社会のために」，「より善く生きていくために」，という人間としての本質を改めて私たちに再考する機会を与えてくれているが，SDGsの社会への普及それ自体が目的なのではなく，その普及によってどのような社会を構築していくのかというビジョンこそが重要となるのである。

【参考文献】
Astrachan, J. and Shanker, M. (2002). "Family businesses' contribution to the US economy: A closer look," *Family Business Review*, 16(3), pp.1-220
Carroll, A. (1991) The Pyramid of Corporate Social Responsibility: Toward the Moral Management of Organizational Stakeholders, *Business Horizons*, 34(4),

39-48

Comte-Sponville, A. (2004) *Le Capitalisme est-Il moral?*, Le Livre De Poche.（小須
田健・C.カンタン訳『資本主義に徳はあるか』紀伊國屋書店，2006年）

Friedman, M. (1970) The Social Responsibility of Business is to Increase its Prof-
its, *The New York Times Magazine*, September 13.

Hopwood, A.G. and Miller, P. (1994) *Accounting as Social and Institutional Practice*,
Cambridge University Press.

Kotler, P. and Lee, N. (2004) *Corporate Social Responsibility: Doing the Most Good
for Your Company and Your Cause*, Wiley（恩藏直人監訳『社会的責任のマーケ
ティング―「事業の成功」と「CSR」を両立する―』東洋経済新報社，2007年）

Levitt, T. (1958) The Dangers of Social Responsibility, *Harvard Business Review*,
36(5), September-October, pp.41-50

Margolis, J.D. and Walsh, J.P. (2003) Misery Loves Companies: Rethinking Social
Initiatives by Business, *Administrative Science Quarterly*, Vol.48(2), pp.268-305

Polanyi, K. (1944) *The Great Transformation*, Farrar & Rinehart.（野口建彦・栖原
学訳『［新訳］大転換』東洋経済新報社，2009年）

Porter, M.E. and M.R. Kramer (2011) Creating Shared Value. *Harvard Business Re-
view*, January-February, pp.62-77

Porter, M.E. and M.R. Kramer (2002) The Competitive Advantage of Corporate
Philanthropy, *Harvard Business Review*, December, pp.56-68

Poza, E.J. and Daugherty, M.S. (2014) *Family Business* (4th ed.), Mason: South-
Western Cengage Learning

Waddock, S. (2008) *The Difference Makers: How Social and Institutional Entrepre-
neurs Created the Corporate Responsibility Movement*, Greenleaf Publishing

Young, S.B. (2003) *Moral Capitalism*, Berrett-Koehler Publishers.（原不二子翻訳
『CSR経営―モラル・キャピタリズム』生産性出版，2005年）

梅津光弘・段牧（2015）「経営倫理は中小企業を強くするか―CSR活動を中心に
―」『日本政策金融公庫論集』第28号，pp.75-88

江川雅子（2018）『現代コーポレートガバナンス 戦略・制度・市場』日本経済新
聞社

大塚久雄（1989）『社会科学の方法―ヴェーバーとマルクス―』岩波新書

関東経済産業局・一般財団法人日本立地センター（2018）『中小企業のSDGs認知

度・実態等調査 結果概要』

倉科敏材（2008）『オーナー企業の経営―進化するファミリービジネス―』中央経済社

國部克彦（2017）『アカウンタビリティから経営倫理へ―経済を超えるために―』有斐閣

後藤俊夫（2009）『三代，100年つぶれない会社のルール―超長寿企業の秘訣はファミリービジネス―』プレジデント社

高巖・ドナルドソン，トーマス（1999）『ビジネスエシックス―企業の市場競争力と倫理法令順守マネジメントシステム―』文眞堂

末廣昭（2006）『ファミリービジネス論―後発工業化の担い手―』名古屋大学出版会

関智宏・中山健編著（2017）『21世紀中小企業のネットワーク組織―ケーススタディからみるネットワークの多様性―』同友館

ニッセイ基礎研究所（2007）「日本企業のCSR活動の現状と今後の課題―ニッセイ景況アンケート2007年1月調査結果―」
https://www.nli-research.co.jp/files/topics/37015_ext_18_0.pdf?site=nli（2019年7月15日閲覧）

藤岡資正（2019）「ファミリービジネス経営の現状と課題」明治大学ビジネススクール編『ファミリービジネスMBA講座』同文館出版

藤岡資正（2013）「ASEANの成長を内需とせよ（最終回）中小企業のASEAN進出―連関性を活かした事業展開―」『企業診断』60(11)，pp.68-70

森本三男（1994）『企業の社会的責任の経営学の研究』白桃書房

水尾順一・田中宏司（2004）『CSRマネジメント―ステークホルダーの共生と企業の社会的責任―』生産性出版

山脇直司（2008）『グローカル公共哲学―「活私開公」のヴィジョンのために―』東京大学出版

横澤利昌編（2012）『老舗企業の研究―100年企業に学ぶ革新と創造の連続―』生産性出版

渡辺幸男・小川正博・黒瀬直宏・向山雅夫（2001）『21世紀型中小企業論―多様性と可能性を探る―』有斐閣アルマ

藤岡資正

第6章

ESG投資の特質と意義

——中小企業へ及ぼす影響

1. はじめに

　現代社会においてVUCA[1] という言葉が示唆するように，企業を取り巻
く環境はますます不確実性を増している。大企業であれ，中小企業であれ，
企業は今後の展望を描くことに難しいのが現状である。Mintzberg（1987）
などが指摘するように，不確実性が高まる時代にこそ企業は事業を一歩前進
させる必要があるかもしれないが，その際には社会のニーズを的確に見極め
て前進しなければ勝機につながるとはいえない。さらに，企業が世の中の情
勢に関して大きく見極めを誤った場合は，数年後にはもはや存続していない
かもしれない。

　不確実性に取り囲まれているのは企業ばかりではない。企業の発行する株
式や債券に投資しようとする投資家にとっても同様である。たとえば投資家
が企業へ投資を行う方法としては，公開された財務情報をもとに今後の数期
間の配当などの流れを予測して，株式売買の判断を行うことなどがあげられ
る。ただし，予測できる期間には限度があり，超長期を見据えた投資として
は不向きである。そして当然ながら，その企業が超長期にわたって存続して
いるかどうかを見極めることは極めて難しい[2]。

　さらに近年になって，投資家のショートターミズム（Short Termism）が
世の中で強く批判されるようになった。ショートターミズムとは投資家の短
期主義のことであり，投資先企業の育成といった長期的な視野をもたずに，
短期的な売買を繰り返して利益追求を目指す投資家の行動を指す[3]。ショー

---

(1)　Volatility，Uncertainty，Complexity，Ambiguityの4つの事象。
(2)　たとえば金融工学の領域では，企業のデフォルト確率についての分析などが
　　Merton（1974）を出発点として行われてきたが，そのようなアプローチでもパラ
　　メータ設定などの難しさから必ずしも万能であるとはいえない。
(3)　たとえば具体的なイメージとしては，投資家が「ものいう株主」として企業の
　　株式を取得し，株式保有期間内に企業に資本効率の改善を要求することをつうじて，

トターミズムへの強い批判から，企業が超長期にわたって存続して収益をあげていくことは，企業だけの責任だけでなく，投資家にも責任があるという考えが浸透した。すなわち投資家は，「超長期にわたって存続するような企業を選別して投資する」のではなく「超長期にわたって存続するような企業となるように，投資家自身が深く企業に関与する」ことがその姿勢として求められている。

　さらに，投資家が責任をもつのは企業だけではない。投資家は社会全体に対しても責任をもって，良質なインベストメントチェーン（投資の連鎖）を築く必要がある。そのため，投資家に要求される行動規範はさらに高い水準が期待されている。

　そもそも投資家が社会に対して責任をもって投資を行うことは今に始まったことではない。古くから反社会的な行動を抑制するために，SRI（Socially Responsible Investment：社会的責任投資）が行われてきた。証券投資はオークション形式であり，無記名投票的な性質をもつため，顔の見えない投資家が保身的かつ身勝手な行動に走る可能性が高いからだ。反社会的なビジネスによって収益をあげる企業の責任は免れないが，それに対して資金提供を行っている投資家にも当然ながらその責任がある。そのため，反社会的なビジネスを行う企業を投資先から除外しようとする SRI は世界中で広く行われてきた。SRI の内容は多種多様であるが，時代に応じてその内容も大きく変化した。たとえば，1992 年 6 月にリオデジャネイロでの国連環境開発会議が開催され，環境と開発に関するリオ宣言が採択されると，環境保護が以前にも増して注目されるようになり，SRI においても，環境破壊をする可能性の高い企業を投資先から排除することが主要テーマとなっていく。

　このような SRI について，その趣旨に異を唱える人はおそらくいないだろ

　株価を高めて売り抜けようとする行動などがあげられる。

う。ただし，SRIはあくまでもチャリティなどの慈善事業の範疇にあり，その意味でSRIの基盤は不安定である。たとえば，アセットオーナー（資産保有者あるいは資産保有機関）から預かった資産を運用する投資機関がSRIの趣旨に同意している場合について考えてみよう。一般的に投資機関はアセットオーナーのために最大のパフォーマンスを達成する責任をもつため，SRIの趣旨に同意している自らの意思とは矛盾する投資行動をとる可能性も少なからずある。すなわち，このような状況においてはかりにSRIによって持続的な社会を構築できたとしても，投資家のSRIそのものが持続的とは限らない。よって，投資において経済的合理性と社会的責任の2つを同時に達成する拠り所が求められるようになった。

　そうしたなか，Porter and Kramer (2006)やPorter and Kramer (2011)などによって提示されたCSV（Creating Shared Value）に関する概念が注目されるようになった。CSVの骨格は「経済的価値」の増加と「社会的価値」の増加とは必ずしも相反しないという考えである。かりにCSVの概念が十分に機能する投資機会が存在すれば，投資家にとっても自己犠牲を強いられることなく，「経済的価値」と「社会的価値」の両方を追求できる。

　さらに，CSVの概念が十分に機能する投資機会が存在すれば，SDGs（Sustainable Development Goals：持続可能な開発目標）の理念も同時に追求することが可能であろう。SDGsは，2001年に策定されたMDGs（Millennium Development Goals：ミレニアム開発目標）の後継として，2015年9月の国連サミットで採択された。SDGsは持続可能な世界を実現するための17のゴール・169のターゲットから構成され，2016年から2030年までの国際目標となった。企業はその目標として，「持続可能な経営（Sustainable Management）」に努め，サステナビリティ（sustainability：持続可能性）を追求する。SDGsが掲げる17のゴールを達成するための拠り所としても，「経済的価値」と「社会的価値」を同時に達成する投資が世界的に希求され

ている。

2. ESG投資の潮流

それでは，「経済的価値」を毀損することなく，「社会的価値」を実現する投資とは何か。近年重要なキーワードとして台頭したのが「ESG投資」である。ESGの頭文字となっているEとは環境（Environment），Sとは社会（Social），そしてGはガバナンス（Governance）のことを指している。

ESG投資の出発点は2006年に遡る。2005年のアナン国連事務総長の呼びかけに応じる形で，2006年にPRI（Principles for Responsible Investment, 責任投資原則）が提唱された。これは，国連のグローバルコンパクト（Global Compact）[4] と国連環境計画金融イニシアティブ（UNEP FI：United Nations Environment Programme Finance Initiative）[5] が主導したものである。PRIは，アセットオーナー，投資機関，サービスプロバイダーが署名することで，ESGに対する強固な取組み姿勢を打ち立てる。PRIの提唱によって，投資の意思決定にESGを重視する取組み，すなわちESG投資[6] の幕開けとなった。ESG要因を加味して投資を行うことは，旧来の証券投資のフレームワークとは異なる超長期投資といえよう。

それでは具体的にESG投資とは何を指しているか。一般的なESG投資のイメージとしては，企業のESGへの取組み度合いに基づいて，投資家が投資対象を選別し，最適なポートフォリオを作るといったものであろう。たた

（4）1999年にアナン国連事務総長が提案し，2000年に成立した。
（5）1992年に国連環境計画と金融機関の間で創設された。
（6）ちなみにESG投資において，EとSとGは言葉の響きのように同列に存在しているものではない。EとSは，そもそも企業の外部に存在している。企業はビジネスを遂行するうえで外部にあるEとSを企業内部に取り込む際に，企業のGに関する取組み状況が求められる。

し，実際のところはESG投資にもう少し広がりをもって捉えることが必要
である。たとえば，持続可能な投資を目指す団体GSIA（Global Sustainable
Investment Alliance）は，「持続可能な投資（Sustainable Investment）」を
以下のように7分類している（GSIA（2018））。

- 否定的/排他的スクリーニング（Negative/Exclusionary Screening）
- ポジティブ/ベストインクラス・スクリーニング（Positive/Best-in-class
  Screening）
- 国際規範ベースのスクリーニング（Norms-based Screening）
- ESGインテグレーション（ESG Integration）
- サステナビリティをテーマとした投資（Sustainability themed Investing）
- インパクト/コミュニティ投資（Impact/Community Investing）
- エンゲージメントおよび株主としての行動（Corporate Engagement and
  Shareholder Action）

　以上のようなGSIAの「持続可能な投資」をESG投資と見なすことが適
切であろう。逆に，ESG投資について考える場合には，このような投資の
多種多様性を意識することが必要とされる。
　ところで，投資家が実際にESG投資をする際，企業のどのような情報を
参考とすべきか。言うまでもなく，企業が従来開示している財務情報だけで
は不十分である。そこで，企業は財務情報を開示するだけでなく，ESGに
関する非財務情報を開示する必要があり，そのような基盤についてはIIRC
（International Integrated Reporting Council：国際統合報告評議会）を中心
として整備されつつある。財務情報と非財務情報を統合した統合報告の動き
は，従来の投資における企業価値に対する概念を大きく変えつつある。この
ような意味で，企業のなかには「ESG経営」を目指す動きが始まっている。
　それでは日本において，ESG投資の取組み状況はどのようなものであろ

うか。日本についても他国の動向に漏れず，ESG投資は大きな潮流となっている。2014年2月に金融庁によって発表された日本版スチュワードシップ・コード（責任ある機関投資家の諸原則）がその流れを大きく後押ししたと思われる。日本版スチュワードシップ・コードは，2010年に英国で制定されたスチュワードシップ・コード（Stewardship Code）を模したものである。スチュワードシップ・コードは従来の「株主が経営者を監視する」エージェンシー理論とはまったく異なり，スチュワードシップ理論[7] の社会実験的実践と考えてよい。日本版スチュワードシップ・コードでは，個別エンゲージメントや集団エンゲージメントをつうじて，企業のESGの取組み姿勢を実際に対話することでESG投資の加速化につながるであろう[8]。また，2015年3月に金融庁と東京証券取引所によって正式決定し，6月に適用が開始されたコーポレートガバナンス・コードは，企業ガバナンスの指針を示すものであるが，ここでもESGが重視されている点に注目すべきであろう。さらに，2015年9月にはGPIF（Government Pension Investment Fund，年金積立金管理運用独立行政法人）がPRIに署名したことの意義は大きい。GPIFは2017年にESG投資の運用を開始している[9]。GPIFの決断において，ESG投資の潮流は日本においても決定的なものとなった。

---

(7) たとえばDonaldson and Davis（1991）をみよ。

(8) 2017年5月に金融庁から公表されたスチュワードシップ・コード（改訂版）では，投資先企業のESG要素をさらに的確に把握することが求められている。

(9) GPIF（2017）によれば，GPIFは国内株全体の3%程度（約1兆円）においてESG投資を開始した。総合型指数としてはFTSE Blossom Japan Indexならびに総合型MSCIジャパンESGセレクト・リーダーズ指数，テーマ型指数としてはMSCI日本株女性活躍指数が当初選ばれた。

3. ESG投資が中小企業へ及ぼす影響

　さて，「ESG投資」は上場企業を対象としたものであるが，中小企業にはどのような影響を及ぼすのであろうか。

　一般的には，株主からESG事項への返答を求められるのはまぎれもなく上場企業である。そうした点からみれば，ESG投資が中小企業に影響を与えることを想像することは難しい。ただし，ビジネスにおけるさまざまな取引関係が企業規模別ごとに構築されているわけでなく，通常は上場している大企業であっても中小企業であっても，互いに連携してビジネスに取り組んでいる。すなわち，ESG投資が上場企業に影響を及ぼすのと同時に，中小企業にも影響を及ぼすと考えるべきである。

　本章では，前述のGSIAの「持続可能な投資」のなかでたとえば，否定的/排他的スクリーニングが中小企業に及ぼす影響（3.1項），ならびにインパクト/コミュニティ投資が中小企業に及ぼす影響（3.2項）から検証する。さらに，日本の中小企業が融資を受けようとする金融機関からの影響を受けて「ESG経営」を開始する可能性も考えられ，そのような場合についても概観する（3.3項）。

3.1. 否定的/排他的スクリーニングが中小企業に及ぼす影響

　否定的/排他的スクリーニングが，上場企業をESG経営へと規律づけることは言うまでもない。ただし，上場企業との取引関係をつうじて，中小企業へも間接的に影響を及ぼす可能性はある。

　たとえば，ある上場企業Aが最終的なプロダクトを生産して販売しているとしよう。また，上場企業Aが販売する最終的なプロダクトは，複数のコンポーネントから構成されているとして，そのコンポーネントの1つがたとえば中小企業Bによって提供されているとしよう。

　上場企業Aは株主からの否定的/排他的スクリーニングの対象となるため，ビジネス活動におけるさまざまなコンプライアンスやESG事項を遵守することは言うまでもない。一方，上場していない中小企業Bは否定的/排他的スクリーニングを直接的に受けるわけではないため，きちんと牽制が効かない可能性もある。たとえば中小企業Bが自然環境に十分配慮していないため，中小企業Bのコンポーネントの製造において特定の環境破壊を招いてしまったという最悪の事態を想定してみよう。将来，中小企業Bのコンポーネントが上場企業Aのプロダクトの一部であることが発覚した場合には中小企業Bの責任とともに上場企業Aの責任が問われかねない。すなわち，上場しているか否かに関わらず，中小企業Bも上場企業Aと同様のレベルで厳しく環境保護に努めなければならない。

　その意味で，上場企業Aに対する否定的/排他的スクリーニングは，中小企業Bにも同様に波及するものであり，中小企業もESG経営を適切に行う必要が求められている。

3.2. インパクト/コミュニティ投資が中小企業に及ぼす影響

　インパクト/コミュニティ投資，とりわけインパクト投資が中小企業に及ぼす影響について，一例としてグリーンボンド（Green Bond）についてみていく。一般的にグリーンボンドとは，環境問題を解決するために発行される債券のことである。

　近年，グリーンボンドが制度的に整備されつつある。とくに，2014年1月にグリーンボンド原則（GBP：Green Bond Principles）が世界有数の金融機関によって共同で公表された[10]ことの影響は大きい。グリーンボンド

---

(10)　その後，スイスのチューリヒに本部を置くICMA（International Capital Market Association：国際資本市場研究会）がグリーンボンド原則について管理している。

原則は，債券を発行して得た資金の使途をはじめとして，グリーンボンドの適切な発行に関する指針を取り決めている。2017年7月には，グリーボンドの規格を制定するためにISO14030の整備も開始された。ただし，グリーンボンドについてはまだまだ途中過程にあり，その適格性についてTaxonomy（カテゴリー分類）に関する慎重な議論が展開されている。

　さて，上場企業のグリーンボンドの発行が中小企業へ与える影響について，本章では一例として芙蓉総合リース株式会社の取組みについてみていきたい。

　芙蓉総合リース株式会社は2019年6月17日，新たなファイナンスプログラムとグリーンボンド発行に関する発表を行った（芙蓉総合リース株式会社(2019a)）。また，同社は2019年6月28日にもグリーンボンド発行に関する内容の発表を行った（芙蓉総合リース株式会社(2019b)）。

　芙蓉総合リース株式会社(2019a)ならびに芙蓉総合リース株式会社(2019b)によれば，芙蓉総合リース株式会社がグリーンボンドを発行して資金を調達し，グリーンボンドを発行することのできない中小企業に対して，環境への取組みを支援することになる。具体的には，グリーンボンド発行によって購入した再生可能エネルギー設備を，中小企業にリースする取組みである。大企業の環境への取組み姿勢が中小企業へ還流する仕組みがうかがえる。

　今回の芙蓉総合リース株式会社のグリーボンド発行は，中小企業の環境配慮を促進するための取組みであるとともに，中小企業をESG経営へと誘導する大きな契機となるだろう。

3.3. 金融機関が中小企業に及ぼす影響

　以上，ESG投資が中小企業に影響を与え可能性について否定的/排他的スクリーニングとインパクト/コミュニティ投資の2つの視点よりみてきた。

120

　ただし，もう少し違う角度の視点で捉えることも必要である。というのは，日本の中小企業は一般的には上場しておらず，また，市場に債券を直接発行して資金調達をすることも一般的ではない。むしろ，中小企業は，銀行などの金融機関から資金融資を受けることが通常であろう。よって，中小企業のESG経営促進には，銀行などの金融機関のSDGsに向けた施策によって影響を受ける可能性もある。そこで現在，金融機関がSDGsの掲げるゴールに向けて取り組んでいる事項についてみていく。

　その一例として今後，金融機関が署名していく可能性が高いものに自然資本宣言（The Natural Capital Declaration）があげられる。自然資本宣言とは，国連環境計画金融イニシアティブが2012年2月の国連持続可能な開発会議（リオ+20）で提唱したものである。自然資本宣言は，地球の生態系保全のために必要なストックを水，土壌，空気などを自然資本とし，持続可能な利用を目指す。そして自然資本宣言に署名する金融機関がこれらの目的に対して積極的な役割を果たしていくことが期待されている。

　すなわち，金融機関が自然資本宣言に署名するとなれば，自然資本を適切に管理していくことが求められ，経済活動が自然資本に及ぼす影響を検証する必要がある。そこで，かりに中小企業が署名金融機関の融資先であった場合は，中小企業はますますESG経営へ邁進することになるだろう。現在，自然資本宣言に加盟する金融機関は限定されている[11]が，今後地方銀行をふくめて署名金融機関が増加していけば，中小企業のESG経営はますます後押しされていくであろう。

　さらに，現代では国連環境計画金融イニシアティブのもとで，保険業界における持続可能な保険原則（PSI：Principles for Sustainable Insurance）や，

(11) 2019年7月現在，わが国では三井住友トラスト・ホールディングス株式会社，MS＆ADインシュアランスグループホールディングス株式会社が自然資本宣言に加盟している。

銀行業界における国連責任銀行原則（PRB：Principles for Responsible Banking）などの動きが世界的に活発化している。今後，日本でも同様の動きが生じる可能性もあり，金融機関が中小企業に与える影響はさらに重要となるであろう。

4. おわりに─今後の課題─

　これまで本章で述べてきたように，近年，ESG投資は証券投資において大きな潮流となっている。最後に本論をふりかえりながら，今後必要となる施策について2つの視点よりまとめる。

　第1に，ESG投資においては，企業が生み出す「経済的価値」を毀損することなく，社会全体の「社会的価値」を創造することが期待されているのであり，従来のSRIとは異なる投資活動であることに再度留意する必要がある。ESG経営の重要性が増しているにも関わらず，企業のなかにはESGへの取組み姿勢の声明に普遍的，かつSRIと混合した文言を繰り返しているものも散見される。投資家が真に望んでいるのは，「ESG投資の本質を理解して，ESG経営に真摯に取り組む企業」であり，そのことを企業は深く認識すべきであろう。そして，そのような認識が必要なのは中小企業も同様である。

　第2に，ESG投資は超長期な視点をもった投資であることにも再度留意する必要がある。かりに今後，強固なインベストメントチェーンが構築され，上場企業だけでなく中小企業がESG経営を遵守していく体制が構築された場合，持続的な社会に向かって大きく前進する可能性は高い。ただし，それに至る過程が超長期であることにも十分な配慮が必要である。中小企業のなかでも超長期的な視野をもって，経営に邁進できるような経営体力のある企業ならば問題はないが，言うまでもなくそのような企業ばかりとは限らな

い。超長期的な視点をもつESG経営を要請されることによって，多大なコスト負担を強いられる中小企業がでてくる可能性は否定できない。

　中小企業が安心してESG経営に取り組めるよう，今後の大域的視点をもつ議論に期待したい。

【参考文献】

Donaldson, L. and Davis, J.H. (1991) Stewardship theory or agency theory: CEO governance and shareholder returns. *Australian Journal of management*, 16(1), pp.49-64

GPIF（2017）「ESG指数選定結果について」
https://www.gpif.go.jp/investment/esg/pdf/esg_selection.pdf（2017年7月5日閲覧）

GSIA (2018) GLOBAL SUSTAINABLE INVESTMENT REVIEW 2018（2019年7月1日閲覧）
http://www.gsi-alliance.org/wp-content/uploads/2019/03/GSIR-cover-thumb-nail1.jpg

ICMA (2018) Green Bond Principles Voluntary Process Guidelines for Issuing Green Bonds
https://www.icmagroup.org/green-social-and-sustainability-bonds/green-bond-principles-gbp/（2019年6月1日閲覧）

Merton, R.C. (1974) On the pricing of corporate debt: The risk structure of interest rates. *The Journal of finance*, 29(2), pp.449-470

Mintzberg, H. (1987) Crafting strategy. Boston: *Harvard Business Review*, pp.66-75

Porter, M. and Kramer, M.R. (2006) Strategy & Society. *Harvard Business Review. Collection*, 2, pp.1-17

Porter, M. and Kramer, M.R. (2011) Creating shared value. *Harvard business review*, 89, pp.62-77

芙蓉総合リース株式会社（2019a）「新たなファイナンスプログラム及びグリーンボンド発行について〜「芙蓉REアクション・サポートプログラム」のスタート〜」

https://ssl4.eir-parts.net/doc/8424/tdnet/1721782/00.pdf　（2019 年 6 月 17 日閲覧）

芙蓉総合リース株式会社（2019b）「グリーンボンド（第 20 回無担保社債）発行に関するお知らせ」

https://ssl4.eir-parts.net/doc/8424/tdnet/1726719/00.pdf（2019 年 6 月 28 日閲覧）

足立光生

第7章

タイ国におけるSDGsと中小企業振興

―― SDGsに向けた指標の作成と
SEM報告書の策定

国際連合は経済，社会，環境においてSGDs（持続可能な開発目標）を発表した。この目標は，15年以内（2016〜2030年）に達成される予定で，17の持続可能な開発目標があり，169のターゲットと数値目標が書かれた244の指標を策定する。国連加盟193ヵ国によって採択されたもので，SDGsの開発に取り組む鍵として掲げた目標である。タイ国が持続可能な開発目標の重要性を強調するなか，開発指針は20年国家戦略，第12次国家経済社会開発計画，国家改革計画，タイ国4.0と公共部門，民間部門，市民社会が統合し協力し合って作られた政策である。

　タイ国政府は，持続可能な開発のための国家委員会（CSD）を2013年に結成し，首相が議長を務めた。理事会メンバーには，都市・地方地域，国家企業，および関連機関の公共部門，国家経済社会開発委員会（NESDB）事務総長が事務局として含まれる。その目的は，経済，社会，環境面における国の持続可能な開発政策を政府が実施しているかを監視するために策定された。また，持続可能な開発と充足経済の哲学の理解を高め，評価する小委員会は，行動計画の策定，調整，監視，統合，これらの計画表の生成を政府機関とともに行っている。

　SDGsの開発の評価を監視し，国連は244の国内およびグローバル指標を，さまざまな視点から開発レベルを示すツールとして設定した。しかし，国の環境という視点から考えると，国の全体的な発展に関して，無関係，不完全，または不明瞭な指標がいくつか存在する。したがって，第12次国家経済社会開発計画，20年国家戦略に沿って持続可能な開発の結果を査定するため，タイ国においては国家統計局，官民，市民社会によっていくつかのターゲットが国家指標に追加された。

　2015年10月7日の持続可能な開発番号1/2015の取締役会決議によれば，OSMEPは，以下の2つの目標を支援する責任がある。

　①目標8：包括的で持続可能な経済成長，雇用，そしてすべての人のため

のまともな仕事を促進する。焦点は国家経済社会開発委員会事務局，財
務省，労働省とする。

②目標9：回復力のあるインフラを構築し，持続可能な工業化を促進し，
イノベーションを促進する。焦点は運輸省と産業省とする。

目標8において，OSMEPは以下のような中小企業の促進資金の下でプロ
ジェクトのデータを提供する責任がある。

①ターゲット8.1：一人当たりの経済成長は，国の状況に応じて持続可能
であり，とくに先進国にとっては，年間7％以上のGPP成長を有する。

ガイドライン2：産業部門の競争力の促進と向上：（Measure 2.5
strengthen）集団を創出することにより，事業部門の
有効性の創出を推進する。（2017年の中小企業支援
ネットワーク・プロジェクト）

②ターゲット8.2：一人当たりの経済成長は，国の状況に応じて持続可能
であり，とくに先進国にとっては，年間7％以上のGPP成長を有する。

ガイドライン5：サービス・観光分野における競争力の促進と向上：
（Measure 5.1 Strengten）事業・サービス部門の実効
性の強化と創出（2017年中小企業中級/上級プロジェ
クト）。

③ターゲット8.3：生産性主導の政策，雇用創出，起業家精神，創造性と
革新を促進し，金融サービスをつうじて零細，中小，中堅企業の形式化
と成長を促進する。

ガイドライン1：競争力の創出：（Measure 1.2）観光・サービス業から
の収入を生み出すための統合作業を以下のように測定
する。
-SME Online 2017-2019
-Startup 2017-2019

                              -SME National Awards & Strat Up Awards
                              -SME Provincial Champions leading to Thailand 4.0
                                policy 2017-2019
                              -SME One-stop Service Center (OSS)
                              -SME Knowledge Center 2017-2019
④2019年にOSMEPは，2018年にSDGsと一致するプロジェクト業績レ
　ポートを8.3の特定の目標に設定し，生産性主導の政策，雇用創出，起
　業家精神，創造性と革新を促進し，金融サービスをつうじて零細，中
　小，中堅企業の公式化と成長を促進する。
　　　　　　　　　　—SME ネットワークのサポート
　　　　　　　　　　—SMEの地方のチャンピオンがタイ国の4.0政策につ
　　　　　　　　　　　ながる
　　　　　　　　　　—賞味期限，設計，包装における世界市場への能力向
　　　　　　　　　　　上のための製品開発
　　　　　　　　　　—スタートアップの創造
　　　　　　　　　　—上級あるいは標準SMEのサポート
　　　　　　　　　　—為替リスク測定を阻止するSMEに対する競争力と
　　　　　　　　　　　知識の強化に掲げる為替リスクを防止するための
　　　　　　　　　　　SMEの知識の推進
　　　　　　　　　　—SME回復プロジェクト：SMEに低金利ローンを提
　　　　　　　　　　　供する
　目標9：回復力のあるインフラを構築し，持続可能な工業化とイノベー
ションを促進する。OSMEPは，国家指標を報告する責任がある。ターゲッ
ト9.3によると：中小企業，とくに発展途上国では，金融サービスへ手頃な
価格で利用できる仕組みを増やす。さらに，これらのグループをバリュー
チェーンとマーケットに追加することを推進する。焦点は国家統計局であ

る。この指標の仕組みは次のとおりに記されている。

①市民社会は「SDGs国家指標準備」ワークショップに参加し，公共部門，
民間部門は2018年9月の指標測定を支援する情報やデータについて議
論するとともに，2019年2月にSDGsの下でタイ国の目標をまとめるた
めの会議に出席した。

②OSMEPは，中小企業白書に掲載されている中小企業の数に関する統計
データを提供し，貸出または信用線をもつ小規模産業の割合9.3.2を計
算する。また，OSMEPは，タイ銀行，SME銀行，タイエクシム銀行
（タイ輸出入銀行），農業協同組合銀行，政府貯蓄銀行とともに，測定し
たデータを提供し支援しあっている。しかし，9.3.2は，小規模産業デー
タ（年次報告書に記載されている中小企業の製造業の数）とローンまた
は信用のラインを持つ小規模産業データである2つの基本情報を必要と
する。

付記

　本原稿は，タイ国におけるSDGsと中小企業振興に対するOSMEPの立場や取組
内容をまとめたものである。本原稿は英語で執筆され，日本語に翻訳した。翻訳
は，同志社大学商学部関ゼミ3期生の松永ゆり子さんが担当し，編者である関が全
体を編集した。

前OSMEP（Office of Small and Medium Enterprises Promotion）
General Director（2017〜2019年）
Suwanchai Lohawatanakul

あとがき

　本書は，同志社大学中小企業マネジメント研究センター（以下，同研究センター）のセンター長を務める筆者が中心となり，同研究センターのメンバーの先生方とともにまとめた，研究センターとして発行するはじめての書籍である。

　同研究センターは，同志社大学を，日本における中小企業研究の拠点となることを目指し，中小企業の発展に貢献しようとする日本全国の若手の中小企業研究者を養成していくことを目的に，2018年4月に設置された，同志社大学研究開発推進機構における学術的研究機関である。同研究センターのメンバーは，同志社大学の専任教員を中心に構成されており，大学内の専任教員を兼担研究員，学外の専門家を嘱託研究員とすると，編者である商学部の関をセンター長とし，副センター長を含む常任研究員が7名（うち兼担研究員が5名，嘱託研究員が2名）を中心に，中小企業研究に関心をもつ若手研究者など26名程度で構成されている（2020年1月14日現在）。

　社会の持続的発展のためには，社会に根ざす中小企業の持続的な経営が課題となる。それゆえ同研究センターでは，持続可能な経営と中小企業をおもなテーマとし，それに関連した諸活動を展開してきている。具体的には，同研究センターでは，年に4回の定例研究会と，加えて特別研究会ならびにシンポジウムを適宜開催してきており，この書籍が刊行されるまでの実績は，定例研究会9回，特別研究会2回，国際シンポジウム1回となっている（表）。表に記した各講師を招聘し，本書の副題で掲げた，100年経営，社会的経営，SDGs経営といった諸点を，中小企業経営の観点から議論を重ねてきた。これらの諸点のエッセンスは，本書の第1章にゆだねるが，研究会などをつうじて蓄積してきた知識や情報の一部は，本書のなかに随所に収録されている。

**【表】同志社大学中小企業マネジメント研究センターの活動実績
（2018〜2019年度）**

年月	内容	講師
2018年 4月	第1回研究会	株式会社三嶋亭 代表取締役社長 延世大学校経営大学 教授
2018年 7月	第2回研究会	近畿経済産業局 総務企画部 中小企業政策調査課
2019年 1月	第3回研究会	株式会社松栄堂 専務取締役
2019年 2月	第4回研究会	毛利志満 営業部長（後継者）
2019年 3月	第5回研究会	河井寛次郎記念館 事務局長
2019年 4月	第6回研究会	一般社団法人100年経営研究機構 専務理事
2019年 5月	国際シンポジウム	タイ国中小企業促進局（OSMEP）副局長
2019年 7月	第7回研究会	明治大学大学院グローバルビジネス研究科 准教授
2019年 7月	特別研究会	クラウン製パン株式会社 常務取締役 （公益財団法人アジア成長研究所と共催）
2019年10月	第8回研究会	株式会社フォア・ザ・グラウンド 代表取締役社長
2019年12月	特別研究会	Nissan Institute, University of Oxford教授
2020年 1月	第9回研究会	タマノイ酢株式会社 代表取締役社長

　同研究センターでは，2年間の活動実績を踏まえ，2020年度からはさらなる展開を目指し，政府機関，各地方公共団体，産業・企業団体など諸機関と積極的に連携し，それらとの共同での研究を，同研究センターのメンバーである若手の中小企業研究者が中心となって推進していく。すでにいくつかの政府機関や研究機関，企業団体との連携が決まっている。これらにより，若手の中小企業研究者の研究スキルの向上を実現することができるだけでなく，当センター内に中小企業研究にかんする知識や中小企業にかんする豊かな情報が蓄積されるとともに，センターのメンバー間で当該知識を共有していくことができると期待される。

　本書のタイトルとなっており，また同研究センターの研究テーマである中小企業の持続可能な経営のように，同研究センターが中小企業にかかわるさまざまな方々のお力添えをいただきながら，持続した経営を展開していくことで，中小企業が主役となる社会の創造に貢献していくことを目指してい

く。本書をつうじて，中小企業の持続可能な経営はもちろんのこと，同研究センターに関心をもち，同研究センターの設立趣旨にご賛同いただける，中小企業の発展に貢献しようとする若手研究者の方々には，同研究センターの諸活動に積極的にかかわっていただけたら幸いである。

　末筆になるが，本書のカバーデザインを手がけていただいたのは，エレファントプラス株式会社代表取締役社長の春日崇喜氏である。春日氏は，本書の編著者である関と本書の第2章を手がけている藤村氏と，山口県立宇部高等学校の同級生である。藤村氏は，同研究センターの設立に多大な貢献をし，設立当初から運営にかかる諸点において多くのアドバイスをいただいた。われわれが高校を卒業してからすでに20年以上が経過しているが，こうしてわれわれの関係が持続され，本書の刊行をつうじて関係がもてたことは非常に感慨深い。

　また出版事情の大変厳しい時代のなか，同友館の佐藤文彦氏には，本書の趣旨に早くからご賛同いただき，本書の刊行をお引き受けいただいた。佐藤氏とも，本書の編著者である関が理事を務める日本中小企業学会の学会論集をはじめ，直近では2017年6月に共編著で『21世紀中小企業のネットワーク組織－ケース・スタディからみるネットワークの多様性－』を刊行させていただくなど，その関係が持続されている（なおこの書籍のカバーデザインも春日氏によるもの）。

　本書の刊行にかかわっていただいた多くの方々に，この場をお借りし，執筆者を代表して感謝の意を表したい。

　2020年2月　執筆者を代表して
　　　　　　　同志社大学中小企業マネジメント研究センター　センター長
　　　　　　　　同志社大学商学部教授　関　智宏

132

【編著者紹介】

関 智宏（せき ともひろ）・・・・・・・・・・・・・・・・・・・・・・・・・・・・全体編集，第1章，第4章執筆
同志社大学商学部教授。博士（経営学）。
著書に『現代中小企業の発展プロセス―サプライヤー関係・下請制・企業連携―』（ミネルヴァ書房，2011年），『21世紀中小企業のネットワーク組織―ケース・スタディからみるネットワークの多様性―』（編著，同友館，2017年）など

藤村雄志（ふじむら ゆうじ）・・・・・・・・・・・・・・・・・・・・・・・・・・・・・・・・第2章執筆
一般社団法人100年経営研究機構専務理事・事務局長。株式会社VALCREATION代表取締役社長。
同志社大学商学部卒業後，株式会社ベンチャー・リンク入社。2004年起業後は，多くのベンチャー企業に経営参画し，経営企画，営業支援に注力。2011年，株式会社VAL-CREATION設立，代表取締役就任。2015年，一般社団法人100年経営研究機構設立，専務理事・事務局長に就任。

寶 少杰（トウ ショウケツ）・・・・・・・・・・・・・・・・・・・・・・・・・・・・・・・・第3章執筆
立命館大学経営学部講師。博士（産業関係学）。
著書に『中国企業の人的資源管理』（中央経済社，2013年），『百年伝承的秘密―日本京都百年企業的家業伝承―（中国語）（日本語訳：百年継承の秘密―日本京都の老舗企業の事業承継―）』（共著，浙江大学出版社，2014年）など

木下和紗（きのした かずさ）・・・・・・・・・・・・・・・・・・・・・・・・・・・・・・第4章執筆
高松大学経営学部講師。博士（商学）。
著書に「中小企業のCSRにかんする研究動向」『大阪市大論集』第131巻（2018年），「中小企業の地域社会活動とそのモチベーション要因―株式会社大阪工作所のケース―」『阪南論集（社会科学編）』第53巻第2号（2018年）など

藤岡資正（ふじおか たかまさ）・・・・・・・・・・・・・・・・・・・・・・・・・・・・第5章執筆
明治大学大学院グローバル・ビジネス研究科専任教授。チュラロンコン大学サシン日本センター所長。経営哲学博士（DPhil in Management Studies）。
著書に『タイの経営・日本の経営：企業トップが語る新興国ビジネスの要諦』（カナリアコミュニケーションズ，2015年），『新興国市場と日本企業』（編著，同友館，2018年）など

足立光生（あだち みつお）・・・・・・・・・・・・・・・・・・・・・・・・・・・・・・・・・・・・・・・ 第6章執筆
同志社大学政策学部教授。博士（経済学）。
著書に『テキストブック　資本市場』（東洋経済新報社，2010年），『金融派生商品の価格付けに関する戦略的考察』（多賀出版，2005年）など。

Suwanchai Lohawatanakul（スワンチャイ ローハワッタナクン）・・・・・・・ 第7章執筆
PTG Energy Public Co., Ltd. Executive Vice President。修士（Master in Marketing, Master in Industrial Engineering）。
1996年Thammasat University大学院修了後，実務経験を経ながら，2006年King Mongkut's University of Technology North Bangkok大学院修了。2013年ISMED（Institution for Small and Medium Enterprise Development）President（2013〜2017年）を経て，OSMEP（Office of Small and Medium Enterprises Promotion）General Directorに就任（2017〜2019年）。

2020年3月30日　初版第1刷発行

持続可能な経営と中小企業
──100年経営・社会的経営・SDGs経営

編著者　関　　智　宏
同志社大学中小企業
マネジメント研究センター編
発行者　脇　坂　康　弘

発行所　株式
会社 同友館

〒113-0033 東京都文京区本郷 3-38-1
TEL.03(3813)3966
FAX.03(3818)2774
https://www.doyukan.co.jp/

落丁・乱丁本はお取り替えいたします。　　　三美印刷／松村製本所
ISBN 978-4-496-05472-3　　　　　　　　Printed in Japan